血判阿弥陀画像（浄顕寺蔵）

本尊として使用された阿弥陀画像のおもてに、近江国長浜の門徒が町ごとのグループで署判している。石山合戦以後のものとみられるが、一揆にもとづく門徒の固い結束が、近世にも健在であったことが窺える。

顕 如 画 像（西本願寺蔵）

織田信長画像（長興寺蔵）

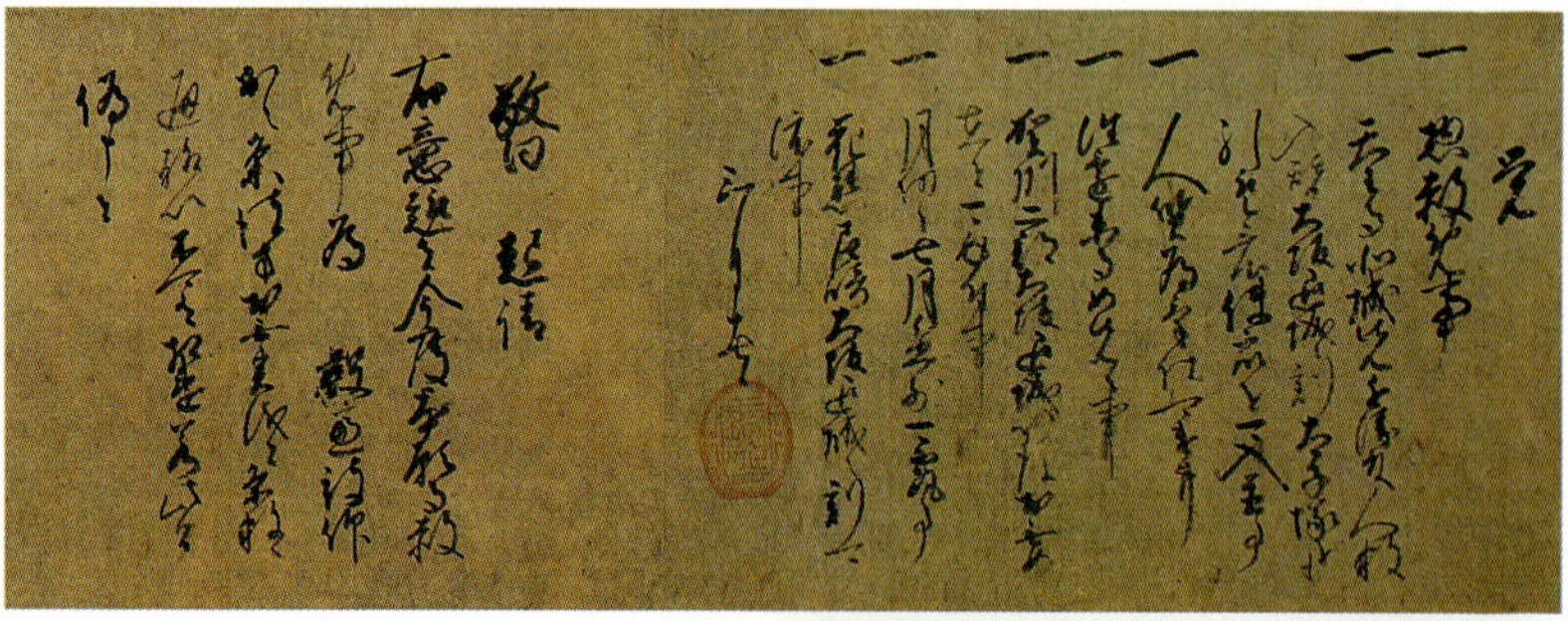

織田信長起請文（西本願寺蔵）

勅 命 講 和

天正 8（1580）年 3 月、11年におよぶ石山合戦は、正親町天皇の仲介によって和平交渉の段階に入った。織田信長は、顕如率いる本願寺が大坂を明け渡す代償として、教団を赦免し、その地位を保証するなど、7 カ条の講和条件を上図の起請文で提示した（194頁参照）。

歴史文化セレクション

信長と石山合戦

中世の信仰と一揆

神田千里

吉川弘文館

目次

口絵

挿図表

一向一揆は解体したか

本願寺教団の存続

天下制覇をめざす織田信長に対して本願寺《ほんがんじ》が諸国の門徒を糾合し、一〇年にわたって頑強な抗戦を続けた戦いは、石山合戦の名で知られている。一向一揆《いっこういっき》は、信長や豊臣秀吉の「国取り」をテーマとした歴史小説やテレビドラマなどに大事な脇役としてほとんどいつも登場する。

そしてまた、歴史学においても重要なテーマの一つとされてきた。信長・秀吉の「天下統一」によって中世が最終的に幕をおろし、近世という時代がやってくる。この大きな歴史的転換を完成させるためには、支配者の前に立ちはだかった一向一揆を解体することが、不可欠な要件の一つと考えられてきたからである。そして、石山合戦はその解体を決定的にした一大画期とみなされてきた。

戦国時代に各地で起こった一向一揆は、支配者に抵抗する一揆としての色合いが濃い。十五世紀末に、加賀一向一揆は守護大名富樫《とがし》政親を攻め滅ぼし、以後一〇〇年にわたって一揆構成員の合議による自治を維持した。当時の加賀はこのため「百姓のもちたる国」とよばれていた。徳川家康がようやく今川氏の支配下を脱し、積極的な領国経営に乗り出したところに、蜂起して家康を苦しめた三河一向一揆なども支配者に対する抵抗の代表例としてあげられよう。信長との石山合戦は、その最たるものと考えられている。

通説では、一向一揆は侍と「百姓」(平民を表す中世語)との共同戦線であり、兵農分離《へいのうぶんり》を経て侍と「百姓」との隔絶した身分差が生まれた近世には、原則として存在しえないものと考えられてきた。中世的であるがゆえに近世を築く支配者に抵抗し、統一政権の出現とともに消滅する運命にあった一揆、これがいままで想定されてきた一向一揆の姿である。

さて、天正八(一五八〇)年、本願寺は信長の攻勢の前についに降伏し、大坂の寺地を明け渡して退去した。一向一揆側の最終的な敗北である。だが、本当に一向一揆は解体されたのだろうか。つぎの信長の朱印状《しゅいんじょう》をみてみたい。

諸国より本願寺へ参詣の事、雑賀《さいか》鷺森《さぎのもり》にいたりてその煩いあるべからざるものなり。

天正九年三月　日　　（信長朱印）

本願寺に伝わるこの朱印状は、大坂から紀伊国雑賀に退去し、鷺森を寺地と定めた本願寺に、諸国の門徒が支障なく参詣できることを保証したものである。石山合戦の終結にあたって、信長は本願寺が大坂を退去することを代償に、本願寺教団全体を「赦免《しゃめん》」し、諸国の末寺を安堵《あんど》することを約束した。その翌年、果たして約束に違わず本願寺と諸国門徒との結びつきを承認し、本願寺教団の存続を保証したのである。

本願寺教団自体は一向一揆そのものとはいえないにしろ、その母体ともいうべき団体であることはまちがいない。一向一揆は、天下統一という事業の前に立ちはだかってきた一大障害のはずである。その母体がそのまま存続することを、信長が容認するというのはずいぶん奇妙な話である。これではとても一向一揆の解体などとはいえないのでは、という疑問は当然である。

従来の研究ではこの点を説明するために、信長に降伏した本願寺教団は大きく変質することを余儀なくされ、支配者に従順な戦わざる教団として再生したのだと考えてきた。本願寺教団が大きく変質したために信長も教団の存続を認めたし、豊臣秀吉とも密接な関係をもち、その手厚い保護を受けてきた、と考えられてきたのである。

1　豊臣秀吉木像（大阪城天守閣蔵）

軍事力への期待

だがこれもあまり十分な説明にはなっていない。なぜなら、石山合戦以後も「天下人」や大名たちは、しばしば本願寺の軍事力に期待を寄せていたからである。たとえば豊臣秀吉（当時は羽柴秀吉）は柴田勝家と戦った天正十一年の賤ケ《しずが》岳《たけ》の合戦に際し、加賀の門徒が反柴田の一揆を催したならば、以前のように加賀の支配権を認めようと本願寺にもちかけている（『本願寺文書』）。また四月、越中門徒に一揆蜂起を打診している（『越賀雑記抄』）。一方翌年、徳川家康は、織田信雄と連合し、秀吉と戦った小牧《こまき》・長久手《ながくて》の戦いの際に、大坂への還住と加賀の支配権とを認めるつもりであると述べ、秀吉に反旗を翻すことを本願寺に勧めている（『大谷派本願寺文書』）。

事実、門徒たちは武将たちと結んで蜂起したこともある。小牧・長久手の戦いの際、信雄・家康側についた和泉国の一部の門徒が、秀吉の武将中村一氏の岸和田《きしわだ》城を攻撃している。このため、本願寺家老の下間《しもつま》仲之・下間頼廉はこれを制止するよう和泉国の主だった寺院に通告している（『真光寺文書』）。佐々成政が秀吉に対して反逆し、前田利家と交戦した際には、頼廉は能登鳳至《ふげし》郡の坊主・門徒に対して、一揆蜂起するように、どの勢力から勧誘があっても、のってはならないと通告している（『本誓寺文書』）。

このような状況は、大坂本願寺が健在だった十六世紀中葉のそれと、さほど変わらない。当時も戦争が起こると、その当事者から本願寺へ、門徒を武力蜂起させてほしいとの要請が来たり、逆に敵方について蜂起しないよう指示してほしいという依頼が来たりした。ましてやはり本願寺は、なるべくかかわり合いにならないような、消極的な対応をしていたのである。

天正十五年二月に前田利家が、豊臣秀吉の島津攻めに従軍したときには、越中の本願寺門徒から金沢に人質を差し出すよう利家の命令が下った（『善徳寺文書』）。本願寺教団の軍事力は、大名たちにとって依然警戒の対象だったのである。

ようするに、秀吉をはじめ大名クラスの支配層は、本願寺が変質したとも、もしくは戦わざる教団として再生したとも思っていない。それどころか、石山合戦以前のそれと基本的に同じ存在として本願寺教団を捉えているのである。石山合戦の敗北によって、たしかに大坂の寺地を失い、加賀という領国を喪失しながら、本願寺教団の実力に対する諸大名の評価は下がっていないのである。このようにみてくれば、教団の変質を想定するという見方にかなりの問題があることは明白であろう。

石山合戦後に、本願寺教団がどの程度地域的基盤をもっていたかを窺わせるデータがある。天正十九（一五九一）年に越前国の二つの大寺院、藤島超勝寺《ちょうしょうじ》と和田本覚寺《ほんがくじ》の末寺・門徒を書き上げた史料（『本願寺文書』）をみてみよう。まず超勝寺は加賀に二〇、越前に九、越中に八、美濃に一の末寺・門徒をもつ。いっぽう本覚寺は越前に五五、加賀に一二、越中に一二、能登に二の末寺門徒をもつ。さらに二ヵ寺とも与力として近江の二八の寺院・門徒を勢力下においているのである。

いかに大坊とはいえ、主要な寺院のうちわずか二ヵ寺にして、これだけの勢力をもっている。しかも加賀・越前という、一向一揆が織田軍の軍事力によって粉砕されたはずの地域で、わずか一〇年かそこらしかたっていない時期に、依然これだけの門末をもつ健在ぶりは、並大抵のものではなかろう。

おわりの「王法と仏法」でみるように、これらの末寺間にはかなり緊密なネット・ワークが維持されていたことが窺える。とすると、石山合戦の敗北による本願寺教団の激変という想定は、事実からかなり大きくはずれているとみなくてはならない。たしかに、本願寺側の敗北によって石山合戦が終結したことを疑うわけにはいかない。だが、その敗北がその後に致命的な変化をもたらしたと考えるわけにもいかないのである。

「大変革」という筋書

なぜこのようなことになるのか。本願寺教団が石山合戦によって大きな変質を遂げたという説が、教団の実情を研究した結果として出てきたものではなく、もっと大きな筋書の、いわばつじつま合わせとして構想されたものだからである。その大きな筋書とは、一言でいうと中世から近世への転換にあって社会秩序の全体を一変させるような大変革が行なわれた、というものである。高校の教科書をおさらいするようだが、この「大変革」について簡単にみておこう。

中世の村では名主《みょうしゅ》・沙汰人《さたにん》の名でよばれる土着の武士（地侍）層が指導者であり、彼らのもつ武力を背景に支配者に対する一揆、すなわち土一揆や一向一揆が行なわれ、あるいは村民による自治が行なわれた。これに対して、近世の村は基本的に武装解除された平民によって構成される。そのリーダーである庄屋・村役人は、村請制《むらうけせい》という幕府支配を貫徹させるための媒介者である。村のリーダーが自治の頭目から支配者側の小役人へと変質するという大転換が起こったのである。

この転換は兵農分離という社会体制の成立によって起こった。侍身分の武士は大名の家臣として把握され、給地を与えられるかわりに本拠の村から去り、城下町に集められ住まわされることになる。いっぽう、平民の村落住民（「百姓」）は武士の私的支配から解放され、居住を安堵されるかわりに武士に成り上がることも禁止され、自治を行なう術を失う。つまり、兵すなわち侍身分と、農すなわち百姓身分とが厳格に分離された社会体制ができるのである。

兵農分離を政策上で推進したのが刀狩《かたながり》と検地《けんち》である。平民層を武装解除して武力を侍身分に集中させ、村民を課税対象として把握し、その自治を解体して年貢収取体制を確立した。こうして織田・豊臣政権期に兵農分離の一応の成立をみたわけである。

さて、一向一揆はこの兵農分離以前でなければ起こり得ない。したがって兵農分離を推進する織田・豊臣政権とは、本質的に両立しえない、いわば不倶戴天《ふぐたいてん》の敵同士といえよう。一時的な妥協やかけひきの上での協定はあっても、本来両立することのできない存在である。だからこそ織田・豊臣政権の確立とともに一向一揆はいかにしても消滅し、本願寺教団は一揆など起こせない衛生無害な集団へと、何が何でも変質しなくてはならない。

教団の大きな変質という説明は、急激な「大変革」という筋書に合わせてこしらえられたものであることが容易に理解できよう。

こうして石山合戦の敗北は兵農分離の進行過程における、中世的一揆消滅の一大画期として扱われてきたのである。必ずしも実態をうまく説明できないにもかかわらず、この見解は通説的地位を失っていない。白状してしまえば筆者もまた研究を始めたばかりのころ、このような筋書に則って小文をものしたことがある。

だが、あらためて虚心坦懐《きょしんたんかい》に石山合戦後の本願寺教団をみるかぎり、決して一揆を起こせないほど変質したとも、その本質が変化したともみえないのである。もちろん時間の経過によって、どんな集団や組織も変化は免れない。石山合戦を経験した本願寺教団も、それなりに変化していったのだろうが、そうだとしても、それはごく緩慢な変化だったように思われる。ようするに石山合戦期の本願寺教団を説明する場合、急激な「大変革」という筋書はなじまない。石山合戦とは果たして何だったのか、もっと別の、新しい説明が必要である。本書を書いてみようと思ったのはこのような動機からである。

刀狩の真実

もちろん、兵農分離の進行という大転換の時代に、本願寺教団だけが時代の流れから超越できたといいたいわけではない。いかに俗的支配者から一定程度距離をおくことのできる宗教界の存在とはいえ、時代の流れを超越できるような社会集団など存在するはずもない。本願寺教団が時代とともに歩んでいったのは自明のことである。

だが、問題は転換の速度である。検地・刀狩などによって推進された転換が、たとえば信長・秀吉・家康という三代の支配者が君臨していた数十年間に完了するほどの急激な変化であったのかというと、これはまた別問題ではないか。転換の速度が緩やかなものであれば、本願寺教団が時代とともに変化したとしても、その変化も緩やかなものとなろう。中世から近世への転換の速度は果たしてどのようなものだったのだろうか。

近年研究の進んだ刀狩について、中世から近世への変化をみてみよう。支配者に抵抗する村落や民衆の自立性を奪ったと考えられてきた刀狩は、まったく異なる実態が明らかにされるにいたった。

まず、近世の鉄炮に注目した塚本学氏によって、近世になって鉄炮製造の技術が向上し、民間向けに販売されるようになり、近世の民衆はその鉄炮を購入し堂々と所持していたことが明らかにされたのである。しかも塚本氏によれば民衆の所持する鉄炮について、全国的な監査らしきものは、江戸三〇〇年を通じて実質的にはたった一度しか行なわれなかったのである。これは武力を専有した強大な政府と武装解除された弱小な民衆という、近世のイメージを大きくくつがえす重要な研究であった。

つづいて、藤木久志氏によって、秀吉の刀狩は武器の没収というよりも、中世で一般的だった武力争議に関する慣習を否定することに眼目があったことが明らかにされた。やられたらやり返すという自力救済の慣習を否定する政策の一環として刀狩は行なわれたのである。だから武器の没収自体徹底したものではなく、近世民衆は鉄炮はもちろんのこと、刀・脇指などの刀剣類も所持していたことが明らかにされた。

いっぽう、紛争に際して武器の使用を禁止する秀吉の政策は、近世にも受け継がれ、武器の使用を自主規制する争議のルールが、じょじょに民間に根付いていった。だが、藤木氏の研究に明らかなように、この過程は緩やかなものだったのである。

ようするに、中世から近世にかけて、民衆は一挙に武器を喪失したことなどなく、武器をもつ習慣に関しては、大きな変化なく近世にいたったことが明らかにされた。そしてまた、その使用を控える習慣が定着していく速度が緩慢だったことも明らかになったのである。少なくとも刀狩に関するかぎり、社会の急激な変化というようなものは想定しにくい。民衆の武装という習慣に関していうならば、中世から近世にかけて、人ひとりの一生の間にはほとんど気が付かないような変化しかなかったといえよう。

村の自治

緩慢といえば、中世から近世にかけて、村もまた緩慢にしか変化しなかった。近年村の研究も進み、中世に自治を行ない、一揆を起こすなど、はなばなしい活動をした惣村《そうそん》（村民の全体会議）は、近世にも存続し、その実態にはさほど大きな変化がなかったことが指摘されるにいたった。勝俣鎮夫氏の研究によって、村と、そこから年貢をとる領主との関係をみてみよう。

戦国時代の村では年貢を納める際、個々の住民が直接領主へ納入する、というようなことはまず行なわれなくなっていた。村民が名主・沙汰人を中心に結束して村という団体が形成され、その団体と領主との間に年貢納入の契約が結ばれていた。この契約が履行されているかぎり、領主は年貢徴収と納入の業務を村に一任し、村の大幅な自治を容認し、個々の住民を直接掌握することはなかったのである。

領主と村相互のこのような契約を地下請《じげうけ》というが、戦国時代の地下請は、勝俣氏によれば近世の村請とほぼ同じものである。ともに個々の農民ではなく村が領主と対峙し、領主が年貢徴収と収納の業務を村に一任しているものである。村民による自治に依存した領主の支配は、戦国時代も近世も基本的に同じである。

もちろん、支配が村の自治に依存するようになってからも「実検注文」など、いかにも領主が直接個々の村民から年貢を徴収したかにみえる文書は依然、領主側で作られてはいた。だが勝俣氏によれば、これは机上の計算と操作によって作成された架空の文書であった。太閤検地によって、全国的かつ大々的に作成された検地帳も、これによく似たフィクション性の強いものであり、村の側ではもっと実態に即した帳簿が作られていた。太閤検地によっても、文字通り個々の農民が政府の手で把握されたともいえないのである。

いっぽう、村の庄屋もまた、単に領主の意を受けて村民を監督するだけの存在ではないことが指摘されている。藤木久志氏によれば、村の庄屋は近世に初めて出現したわけではなく、大和など畿内の村ではすでに中世後期に出現していた。村のリーダーである「庄屋」「番頭」「政所《まんどころ》」などは、そのまま近世の庄屋となっていく連続した存在である。支配の末端につらなる小役人のようにいわれる近世の庄屋も、中世以来の自治の担い手であり、領主は村のことは万端庄屋に任せきりだったという実態も明らかにされている。

近世村落の武士

このような目でみると、兵農分離を経過したはずの近世の村にも、侍身分の武士が依然居住していたことが目に付く。近世に入っても、じつは依然、侍身分の武士が居すわっている村があったことはかなり以前から知られていた。

だが、侍身分といっても、兵農分離という「大変革」以後のそれは、中世のそれと同日に論じるわけにはいかないものと想定されてきたのである。

だが、注目すべきはこれらの武士のなかに、中世と同じように村の運営にかかわり、中心的役割を担っている者のいることである。近世の山城国川島村（京都府京都市西京区川島町一帯）に、中世以来勢力を張ってきた革島氏という武士が居住していた。この革島氏は元禄ごろにも「牢人《ろうにん》」すなわち仕官《しかん》していない武士として認知され、当主の兄弟や子供たちは藩士となったり、町奉行の与力《よりき》となるなど、れっきとした武士として活躍していた。元禄期の当主革島幸元は「牢人」ではあるものの、熊本藩の藩士の娘を妻にもらっている。姻戚関係からみれば、これはまがいもなく武士の一族なのである。

もちろん帯刀《たいとう》を許されており、また幕臣の河島氏からは本家と仰がれるなど、武士層からも同じ身分の一員として遇されていた。この革島氏が川島村の村運営に相当の力をもっていたのである。何といっても地主としてかなりの資産をもち、村民から領主に納める年貢を徴収したり、年貢の払えない村民の年貢を立て替えたりして、村全体の年貢を調えるという重要な地位にいる指導者の一人だった。

このような指導者の集団は、十八世紀の川島村では「地主仲間」と呼ばれたが、この

「地主仲間」は年貢の徴収をはじめ、村民から夫役《ぶやく》も徴発した。また村民の訴訟を庄屋などの村役人に取り次ぎ、村民の山林用益を取り仕切り、村掟《むらおきて》をつくって村民に申し渡すなどの業務も行なった。

ようするに「地主仲間」は自治を行なっていた中世惣村の指導者である名主・沙汰人と同様の業務を行なっているのだが、武士の革島氏はその中心メンバーの一人だったのである。ちなみに川島村では検地帳とは別に、それよりは実態に即した宛米帳《あてまいちょう》が作成されており、村の帳簿として役人や外部の者には基本的に秘匿《ひとく》されていた。前に述べた領主と村との二重帳簿体制は近世の川島村においても健在だったといえよう。

このような革島氏・川島村の実態をみると、武士は城下町に去り、村は「百姓」すなわち平民だけになるという、いかにも教科書風の、絵に書いたような兵農分離を考えることはいささか躊躇せざるを得ない。十六、七の二世紀、村では依然、武士と「百姓」との共存が続いていたのではないか。かりに兵農分離は進行していたとしても、これまた何世代かを経過するうちにようやく少しずつ兆しがみえてくるような緩慢な変化だったのではないか、と想像せざるを得ないのである。

以上、いささか煩瑣《はんさ》ともいえるほど、長々と刀狩や村について述べてきたのは、中世から近世への急激な「大変革」という筋書が、最近になってそれほど絶対的なものとはいえなくなってきたことをいいたかったためである。織田信長・豊臣秀吉の時代にかぎってみれば、この期間内でさほど急激な社会的変革は行なわれなかったと想定することは十分可能なように思われる。

発展のシナリオ

それならば「大変革」の筋書に義理立てして、いつまでも一向一揆を徹底的に壊滅させておく必要はないのではないか。かなりちがった石山合戦のシナリオを考えることも可能になるだろう。石山合戦を経つつも本願寺教団は基本的には変わらなかったという想定も、決して時代の流れを無視した突飛な思いつきとはいえないように思われる。

大した変化がなかったとすれば、石山合戦はいったい何だったのだろうか。戦乱の時代にありがちな事件にすぎなかったのだろうか。筆者はそのようには考えない。近世における本願寺教団の発展のきっかけとなった事件であった、というシナリオを考えたいのである。

まず、明治初（一八六八）年の全国の寺院数をしめす表をみていただきたい。全体で八万にのぼる寺院総数のうちで、真宗のそれが二万を越す数値を占めていることがまず目に付く。ここには東西両本願寺派のみならず、高田派・仏光寺派・三門徒派など真宗諸派が含まれていることはもちろんである。しかし、昭和三十五（一九六〇）年の東西本願寺派の寺院数が約二万であることをみれば、そのほとんどが東西本願寺派で占められていることは容易に推測できる。端的にいってこの数字は、近世に東西本願寺教団が著しい発展を遂げたことをしめしているのである。

その近世の発展の出発点が、石山合戦だったと筆者は想定している。なぜ、織田信長に惨憺たる敗北を喫したはずの教団が発展を開始するのか？　その理由を論じるのが本書の主題である。

最後に、表題の「石山合戦」という語について一言しておきたい。これは大坂の、本願寺のあった場所の地名にちなんで付けられたものである。だが最近、石山合戦の当時、本願寺の所在地が石山とよばれた証拠

表　明治初年諸宗派寺院数

	明治5・6年	明治16年
天台宗	6,391	4,761
真言宗	13,553	12,914
浄土宗	9,799	8,308
臨済宗	8,639	6,146
曹洞宗	14,945	14,244
黄檗宗	858	560
浄土真宗	23,718	19,168
日蓮宗	4,836	5,008
時宗	850	528
融通念仏宗		356
法相宗		24

注　本表は、森岡清美『真宗教団と「家」制度』（創文社、1962年）の12頁から引用したものである。明治5・6年の数値は松本白華の筐底祕冊に載せられた教院建築覚に、明治16年の数値は「国勢一班第六」による（同書12頁参照）。

は何もないことが指摘されている。本願寺と信長との戦いを「石山合戦」の名でよぶことの根拠も、いささか怪しくなってきたのである。しかし、何といっても広く知れ渡った命名なので、意味の伝達を重んじて、従来の命名法に従っておく。

一揆蜂起の背景

一揆ことごとく起こる

本願寺の檄

元亀元（一五七〇）年九月十二日、織田信長は足利義昭《よしあき》とともに軍勢を率いて、摂津国野田・福島（大阪府大阪市）に立て籠る三好三人衆（三好政康・三好長逸・石成友通の三人をいう）と交戦中だった。義昭を奉じて信長が入京してからも、それ以前に幕府の実権を握っていた三好《みよし》三人衆は抵抗をやめず、摂津池田氏の内紛に乗じて摂津中島に進出していたのである。

この日夜半になって、戦場のすぐ近くの大坂で、本願寺宗主顕如《しゅうすけんによ》は突如寺内の早鐘をつかせ、義昭・信長の軍に対し攻撃を開始した。信長方は「仰天」したと『細川両家記《ほそかわりょうけき》』は伝えているが、事実、おそらく寝耳に水だったと思われる。というのは、信長の軍勢には紀州雑賀《さいか》勢という、本願寺の軍事力の中核的な存在が加わっていたからである。信長としても、まさか本願寺が攻撃をしかけてくるとは思っていなかったにちがいない。

しかし、六日ごろから、本願寺が諸国の門徒に向けて「ことごとく一揆起こり候え」と申し触れた、という噂が流れていた。事実、二日には美濃国郡上の門徒に向けて、六日には近江国中郡（滋賀県犬上郡・蒲生郡など湖東中部の地域）の門徒に向けて、つぎのような顕如の御書《ごしょ》（門徒へ向けた宗主の消息）が発せられていた。

信長上洛につき、此方迷惑せしめ候。去々年以来難題を懸け申すにつきて、随分扱いをなし、彼方に応じ候といえども、その専〔詮〕なく、破却すべきの由、たしかに告げ来たり候、この上は力およばず候。しからば開山の一流、この時退転なきよう各々身命を顧みず、忠節を抽《ぬき》んづべきことありがたく候、もし無沙汰の輩《ともがら》は、ながく門徒たるべからず候、しかしながら馳走《ちそう》頼みいり候。あなかしこ。

九月二日　　顕　如（花押影）

濃州郡上

惣門徒中へ

（『安養寺文書』。原和風漢文。本書は後世の写し。近江国中郡宛の御書は六日付、ほぼ同文）

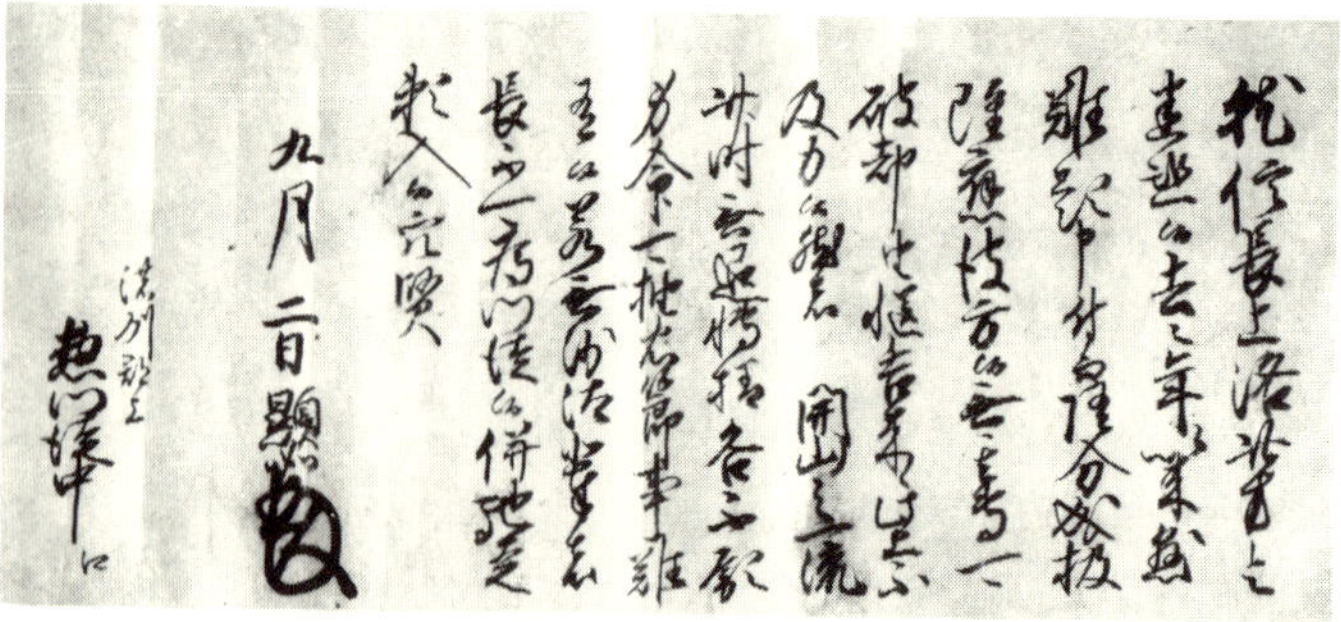

2　顕如の檄文（安養寺蔵）

信長が本願寺を破壊するとたしかに通告してきた以上、親鸞《しんらん》の教えを継承する本願寺教団が滅びることのないよう、本山のために忠義を尽くすべきこと、そうしない門徒は永久に破門することなどが、簡潔に述べられている。信長が本願寺を破壊すると通告してきたことが明記されている唯一の史料である。しかし、本願寺の攻撃に「仰天」した信長が、三好三人衆討伐のついでに、本願寺の破壊をも実行するつもりだったとは思えない。

かといって、信長の通告という記述が、門徒の危機感を煽《あお》るためにわざわざ捏造《ねつぞう》されたという証拠もない。信長から本願寺に発せられた何らかの通告が、本願寺側には「いうことを聞かなければ、本願寺を破却することもありうる」という類の脅迫と受け取られたのかも知れない。そうなれば本願寺が危機感を強める、という可能性も十分ある。ともかくも、教団の命運をかけて本願寺が蜂起したことはたしかである。

それにしても「ことごとく一揆起こり候え」と触れれば、諸国の門徒たちを一斉に動員することができた本願寺の力の源泉は、いったいどこにあったのだろうか。親鸞の血筋を引き、篤信の門徒から後生《ごしょう》の救済者とみなされていた本願寺宗主は、もちろん信徒に対して絶大な宗教的権威をもっていたであろう。そのかぎりで、本願寺のために命をなげうつ門徒が相当数存在したことも容易に想像がつく。だが、そのような組織的背景を欠いた影響力のみで軍事動員などできるはずもない。一定の指令系統と、持続的な情報網とをそなえた日常的な動員体制が確立されていたと考えられる。

本願寺の動員体制

具体的にどのような体制が作られていたのか、不明な部分は多いものの、宗主の御書や家老下間氏の奉書《ほうしょ》などにみえる宛所《あてどころ》を手がかりにみてみよう。まず、国ごとの組織である。たとえば「越中国坊主衆中・門徒衆中」「能州坊主衆中・門徒衆中」「和州坊主衆中・門徒衆中」「但馬国坊主衆中・門徒衆中」「摂州坊主衆中・門徒衆中」などの宛所に対応する門徒団がいた。

これらの宛所をもつ御書は、その国の門徒団の棟梁《とうりょう》である特定の寺院へ送付されるのが一般的であった。その特定の寺院は、国の末寺のなかで地位の高い有力寺院であったことはもちろんであり、本願寺一族寺院である場合もあった。たとえば「越中国坊主衆中・門徒衆中」宛の御書は一族寺院の勝興寺に届けられている。

また、郡を単位とする門徒団もあった。加賀は江沼《えぬま》・能美《のみ》・石川・河北の地域区分にしたがって門徒の一揆が成立し、その一揆による支配が行われていた。能登では「能州羽咋《はくい》郡惣中」「鳳至郡惣中」、美濃では、さきにみたような「濃州郡上惣門徒中」などの、郡ごとの門徒団が存在した。

また近江では湖北三郡を北郡、湖東中部を中郡、野洲・栗太二郡を南郡とよぶ地域区分が行なわれており、北郡・中郡・南郡および湖西のそれぞれに門徒団が存在した。北郡は、湖北十ヵ寺とよばれる福田寺・福勝寺・箕浦誓願寺・金光寺・真宗寺・順慶寺・授法寺（中道場）・浄願寺・湯次誓願寺・称名寺がこの地域の門徒団の中心であった。本願寺との連絡に当たっていたのは、石山合戦期は湯次誓願寺であったようであるが、天文期には福勝寺であり、だれがなぜパイプ役となったかの事情はわからない点が多い。

中郡宛の御書は、古い由緒をもつ平田明照寺に伝えられており、南郡に関しては、赤野井御坊すなわち元一族寺院であった寺が中心になっていたようである。湖西は、一族寺院の慈敬寺が門徒団の指導者となっていた。

さらに、特定の村や町に根ざした門徒団もあった。「堺惣門徒衆中」「奈良惣門徒衆中」「丹波野々村門徒衆中」など、これも特定の有力寺院がその窓口になっていたと想像される。

最小と思われる単位は寺院を中心に結束する下寺《したでら》・檀家《だんか》集団と、特定の有志を結集した講《こう》である。前者は「能州本誓寺・惣門徒中」「越前国常楽寺下坊主衆・門徒中」「湯次誓願寺下坊主衆中・門徒中」など、後者は「江州中郡番方惣中」「国十三日講中諸坊主衆中」などである。

このように、宗主・取次の寺院・門徒という系統によって統制された門徒団が、国・郡・在所・檀家中・講という単位にわたって同じ構造をもちながら存在していた。これらの門徒団は、場合によっては重層していた。たとえばさきほどの近江の例でいえば、中郡門徒中という郡単位の門徒団がある一方、中郡門徒の一部は番方講という講を形成しており、これもまた宗主に直結する門徒団だった。それぞれの成立事情や地域の特性によって多様な集団が形成されながら、宗主に収斂していく求心的なあり方をもっていたわけである。

このような求心的な特質は何に由来するのだろうか。本願寺宗主が大きな権威をもちえたのは、信心という内面の問題に関してである。所詮内面にかかわる師匠にすぎない本願寺宗主が、なぜ諸国にわたる動員体制を構築することが可能だったのだろうか。

門徒に承認される宗主

その秘密は、本願寺教団体制の特質にある。本願寺宗主《しゅうす》は世襲され、親鸞の血統によって相続されており、血筋の権威といい、後生《ごしょう》の救済者といい、有無をいわさないカリスマ的権威を有していたことはもちろんである。ところが、その一方で本願寺宗主は、じつは本願寺一族をはじめその家臣団、そして諸国に散在する門徒団によってその地位を承認され、擁立されて教団の頂点に立っていたのである。本願寺宗主は一族・家臣、そして何より門徒の総意を集約した存在であり、だからこそまた門徒を軍事動員することができたのである。

この点をやや詳しくみるために、石山合戦を遡ること約一世紀前、本願寺中興の英主とされる蓮如《れんにょ》の時代に遡ってみよう。蓮如が本願寺宗主になった経緯は、息子の実悟《じつご》の記した記録によればつぎのようなものである。

蓮如は父存如《ぞんにょ》の長男であり、存如が亡くなった時その譲状《ゆずりじょう》（前当主が財産などを相続人に譲渡したことを証明する文書）もたしかに与えられていた。ところが、存如の正妻で蓮如には継母の如円尼《にょえんに》は、実子の応玄《おうげん》を宗主の地位につけようと画策したのである。宗主になるには、父の遺言状ともいうべき譲状のみでは不十分だった。

一般にいって、中世の家では家督相続に関して、亡き当主の妻すなわち後家の発言権は強力である。後家は、前当主の遺言を代行する存在と認められていたからである。だから後家の口から、たとえば亡き前当主は生前誰々に譲状を与えたけれども、じつは死の直前には別の誰々を後継者にする意向だった、という類の発言があったとすれば、その影響力はかなり決定的といってもよい。前当主の譲状が無視されうる要因である。

3　蓮如木像（本善寺蔵）

いっぽう、本願寺では後家とともに一族・家臣や末寺《まつじ》の僧侶、および門徒たちにもこの問題に関しては発言が可能だった。彼らの一部は、後家如円尼の意向を受けて応玄を擁立するという一味《いちみ》同心《どうしん》の決議を行ない、一揆の連判状《れんぱんじょう》を作成した。このような経緯をみると、宗主を誰にするかについて実質的に決定権をもつのは、なき家父長よりも、後家や一族・家臣・末寺僧や門徒

4　蓮如関係略系図

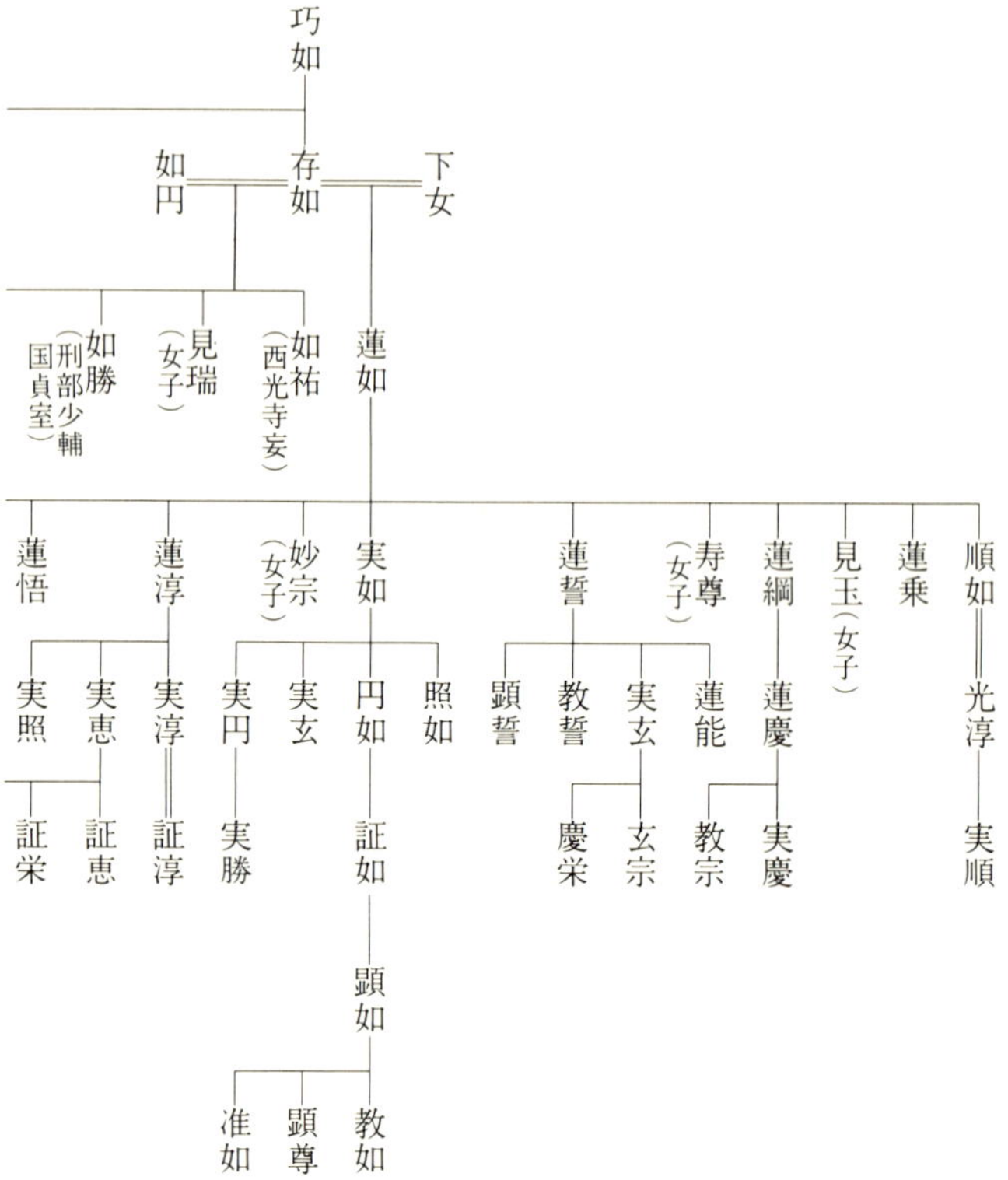
巧如
如円
存如
下女
如勝（刑部少輔国貞室）
見瑞（女子）
如祐（西光寺妾）
蓮如
蓮悟
蓮淳
妙宗（女子）
実如
蓮誓
寿尊（女子）
蓮綱
見玉（女子）
蓮乗
順如
実照
実恵
実淳
実円
実玄
円如
照如
顕誓
教誓
実玄
蓮能
蓮慶
光淳
証栄
証恵
証淳
実勝
証如
慶栄
玄宗
教宗
実慶
実順
顕如
准如
顕尊
教如

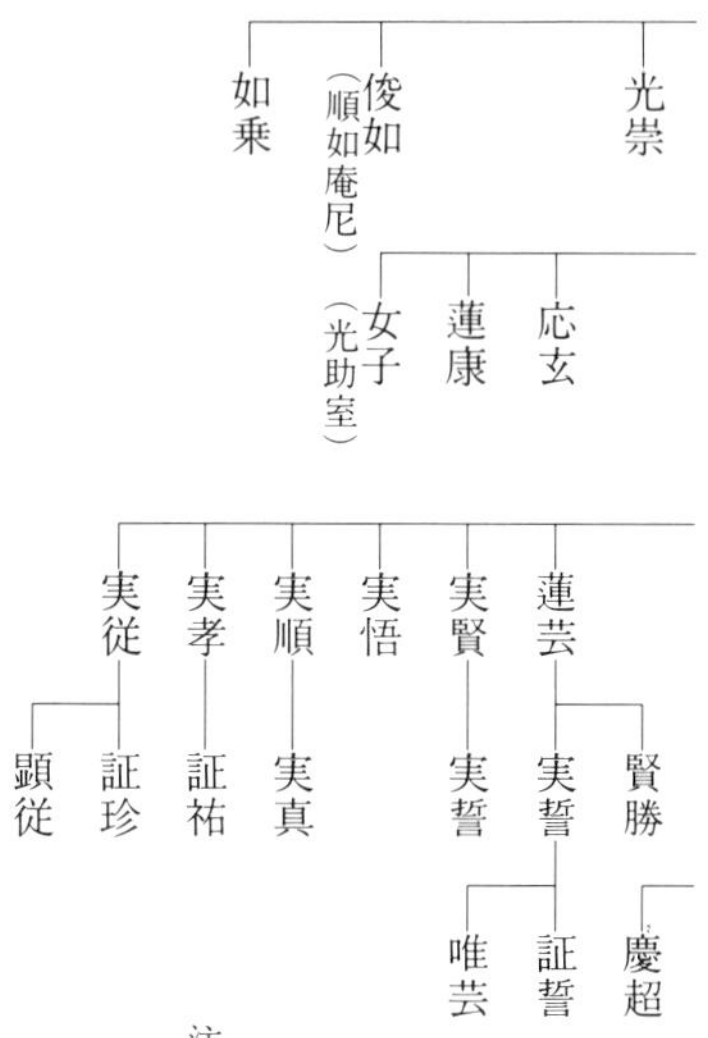

注　他家へ嫁した女子、早世した者、諱不明の者および猶子は適宜省略した。

たちの方であったことがみえてこよう。こうしてほとんど応玄が後継の宗主に決まりかけたのである。

ところが、存如の弟如乗《にょじょう》が反対したため決定にはいたらなかった。そして今度は、如乗の意見が支持を得たことによって、一族・家臣・末寺僧侶や門徒たちの意向は、譲状通り蓮如を後継者とする方向に傾いた。そうなると、さすがの後家の力もかなわない。如円尼らは本願寺の法宝物を奪って逃亡し、あらためて教団の総意によって、蓮如が宗主に擁立されたのである。宗主を決定する真の主役は、一族・家臣・門徒という教団の構成員全体による衆議《しゅうぎ》（全体会議の決定）である。宗主は彼らによって承認された存在でなければなならなかった。

だから、宗主に不満があるときには、門徒たちが一味同心して一揆を結成し、一族の別人を宗主に擁立し、現宗主を排斥しようとしたこともあった。蓮如の五男であり、そのつぎに宗主となった実如《じつにょ》の時代、室町幕府の最高権力者であった細川政元と畠山氏との対立に本願寺教団も巻き込まれていった。実如が政元に与したのに対し、これに反対した摂津・河内の門徒は、畠山氏と姻戚関係のある蓮如の第九男実賢《じつけん》を宗主に擁立しようと企て、賛同する家臣や坊主らとともに連判状を作成し一揆を結んだのである。結局、この企ては失敗したものの、状況如何によっては実如の地位も危うかったといえよう。教団によって擁立された宗主は、教団の一揆によって廃される可能性もありえたのである。

ただし、現宗主に反対する門徒たちも、新宗主に選ぶ際には親鸞の血筋を引く存在を選んだことは注意しておく必要がある。教団の一揆に支持されれば、誰でも宗主になれたというわけではない。というよりも、親鸞の血筋にない者が宗主になるなど、はじめから問題外だったのだろう。現宗主を支持しない場合にも、親鸞の血筋はつねに支持されていたのである。宗主となるための一条件として、あくまで親鸞の血筋を引いていることが要求されたことに、教団の特質の一つがあるといえよう。

豊臣秀吉が天下統一を果たしたあとにも、本願寺教団のこのような特質は健在だった。文禄二（一五九三）年、宗主顕如の死後に起こった後継者の地位をめぐる教団内部の争いは、顕如の後家如春尼《にょしゅんに》が秀吉に訴えたため、秀吉の法廷にもちこまれた。この法廷で、本願寺家臣の一人は「譲状というものは、教団内の主だった門徒らに披露された上で有効となるものであるから、家臣や門徒たちの承知していないような譲状は存在するはずがない」と述べている。これもまた、本願寺宗主が門徒をはじめとする教団全体の承認によって定められるという、教団内の不文律を物語っている。

一味同心の受諾

宗主がこのように、教団全体の承認を受けた存在であるため、宗主の御書のうち、教団の掟《おきて》の通達や軍事行動の指令など、俗的な命令を伝えるもののなかには、教団の総意を伝えるものがみられる。

たとえば、蓮如が伝道のため著した消息形式の仮名法語『御文《おふみ》』には、門徒の「衆中」（全体会議）が定めたことを遵守せよ、もし背く門徒がいれば永久に破門する、と述べたものがみられる。また同じ『御文』には、万一守護大名など武士たちの迫害にあった場合には、仏法のために命を惜しまず戦うと宣言したものがある。その筆者はもちろん蓮如であるが、蓮如の名においてではなく、「他屋衆《たやしゅう》」という主だった門徒たちの名において記されている。宗主の御書が門徒たちの総意を表明するものとなる場合もあったのである。

もっとも、宗主の命令はいつも教団の衆議にもとづいていたわけではない。宗主が命令を出すたびにつねに全体会議を開く、というわけにはいかないのであり、宗主の判断で門徒に一定の行動を指示する御書が発せられる方がむしろ普通だったのであろう。ただしその場合にも、御書を受けて門徒たちは会議を開き、受諾するか否かの衆議を行なうのがつねであった。御書に対しては、門徒の一味同心の受諾を行なうという手続きが、教団のなかでは慣例として定着していた。

だから石山合戦のなかでも、宗主の命令を伝える御書を受けて、しばしば衆議が行なわれ、そのあとに受諾された。たとえば、本願寺の使者七里三河頼周が加賀へ下された。本願寺は加賀勢にテコ入れする目的で、加賀門徒と頼周とが「水魚の交わりを致し、互いに相談致す」ようにという、加賀門徒に宛てた御書を頼周にもたせたのである。加賀一揆の面々は、金沢御坊でこの御書を「頂戴」し、頼周の眼前で一味同心の連署契約を行なった。

もちろん宗主の圧倒的な権威のもとで、門徒らが通常は命令を受諾する衆議しか行なわなかったであろうことは想像にかたくない。また、本来は宗主の命令を受諾するか否かの会議も、現実には受諾のための儀式に変質していたという可能性も十分考えられる。しかし仮りにそうであっても、衆議を経ての受諾という形式が、つねに踏まれていたことは見逃すわけにはいかないだろう。宗主の命令も、衆議を経てはじめて受諾するもの、という観念が、門徒たちの間で生きていたことを雄弁に物語っているからである。

衆議を踏まえるからこそ、宗主の命令も単なる上からの命令にとどまらず、これに合意した門徒らの相互監視によって、個々の門徒を強力に拘束する教団の総意となる。合議という一見リベラルな手続きが、じつは宗主のカリスマ的権威をさらに上回る、強力な動員力を生み出していた理由がここにあると考えられる。親鸞の教えを継承する教団が滅びることのないよう織田信長と戦うことを指示した宗主の命令が、「悉《ことごと》く」一揆を蜂起させえた秘密がここにあることは、いまや明白であろう。

武家的一揆

それにしても、どこからみても封建的な中世に、教団の総意によって宗主を承認するような集団が存在しえたのはなぜなのだろうか。じつは、同じような集団は中世に決して珍しくない。武士の家、すなわち一族や家臣がいったいとなった武家の「家中《かちゅう》」が、このような合議によって当主を承認する慣例をもっていた。

たとえば、室町幕府の将軍の地位がそうである。第四代将軍足利義持《よしもち》は、自ら後継者を

5　足利義持画像（慈済院蔵）

指名することなく世を去った。後継者をぜひ指名してほしいという幕府の宿老らの要請に対して「自分が指名した後継者も幕臣たちが認めなければ何の意味もない」「ただ家臣の面々がよいように決定せよ」という言葉を残したまま、である。困惑した幕閣らは合議によって、足利氏一族の候補者を何人かあげ、八幡社の社頭で籤《くじ》を引いて決定したのである。

この籤引きの結果将軍になった足利義教《よしのり》は、幕府に提訴された小早川氏兄弟の家督争いについて、前当主の譲状などはさておき、一族・家臣の意向を第一に裁定すべきではないかと、管領《かんれい》以下幕府宿老に諮り、賛同を得ている。ここにも家中の意向によって当主を決定するという武家の習いがみられる。

さらに他の大名や武士に目をやると、陸奥国南部晴継が病死したときには「一門・郎等」が合議して後継者を決定したことが『奥羽永慶軍記《おううえいけいぐんき》』に記されている。『鎌倉大草紙』には、関東管領の上杉政真が戦死したときには、政真に子がなかったため「一家の老臣」たちが評定の結果、一族の定政を家督に決定したことがみえる。近江国の国人《こくじん》山中氏においても、山中橘六の子息千代増丸を一家の家督に決定した際、「一家中」をはじめ酒人の堀・備前・岩坂・仲などの「同名中」（義理の親族）らが、承認の連判状《れんぱんじょう》を作成している。当主は一族・家臣の総意によるべきもの、との観念は武家社会に定着していたといえよう。

戦国時代になってもこの武家の習いは健在だった。中国の吉川《きっかわ》氏の当主元長の死去に際して、家臣・臣下らの評定《ひょうじょう》によって広家が推挙されたが、これは偶然にも元長の遺言とも一致したため、ただちに家督に決定したと『陰徳太平記《いんとくたいへいき》』は記している。『陰徳太平記』が近世になって編纂された史書である点、信憑《しんぴょう》性に若干問題があるとも考えられる。しかし見方を変えれば、近世になってもこのような家督の承認方式が一般的だったことが、この記述から窺えるとみることもできよう。

笠谷和比古氏の研究によって明らかにされたように、近世大名家にあっては、主君が家臣の支持を得られないような行動をした場合、家中全体の合議によって「押し込め」られるという場合もありえた。主君といえども家臣の全体会議に支えられて、初めて権力を発揮することができたのである。近世大名によくみられる「お家騒動」とは、単なる跡目争いなのではなく、合議体制を支える家中の全体会議の紛糾に他ならない。中世・近世を通じて武家の当主は、家中の合議体制に支えられる存在であったといえよう。

一揆的構造

本願寺教団や武家の家中に特徴的な、衆議によって頂点に立つ権力者が支えられる集団のあり方を、筆者は一揆的構造とよんでいる。ここにみられる合議体制は、じつは中世の人びとにきわめてなじみ深いものであった一揆と同じものだからである。

勝俣鎮夫氏によれば、中世の人びとは日常的な方法では対処できない困難な課題に直面した場合、一味同心の結束を共有する集団、すなわち一揆を結成することによって対応しようとした。集団の構成員全体の合議を行ない、多数決（これは神の意向を占い正しい方針を探る方法とみなされた）によって採択された決定は、全員一致の衆議と考えられた。こうして決定された方針は、当然ながら神の意向に沿うものとみなされ、これに従う限りで集団全体には神の加護がある、と考えられた。一揆とは、このような神がかり集団だったのである。

全体の合議という、一見リベラルな過程を経ながらも、本願寺宗主のようなカリスマ的権威をもつ棟梁《とうりょう》が擁立され、武家の家父長的支配者が選出されたという事情はこの一揆の心性にもとづいている。勝俣氏の指摘するように、一揆は専制支配を属性の一つとするものである。合議や多数決という形式から、一揆を封建社会の社会慣習のわりにはリベラルなものであるかのように想像したり、専制支配の対立物と考えたりするのは、いずれも当を得ないものである。現に、門徒の総意によって承認された宗主は、その命令に背いた門徒を破門して後生《ごしょう》の救いを剝奪するという、いわば現世・来世にわたる生殺与奪《せいさつよだつ》の権を有していたのである。

このような一揆的構造によって、宗主の命令いっか、諸国の門徒が一揆を結び、武装蜂起するような教団の動員体制が日常的に存在していた。これは大名の命令いっか、一族や家臣たちが軍事動員される武士の軍隊と似ていなくもない。ただし、大名の動員できる武士といえば、おもには姻戚関係のある一族か主従関係にある家臣であり、地域的範囲はせいぜい一国、最も広い場合でも数ヵ国に限定されるのが普通であろう。

これに対し、主従関係にはない門徒を、その範囲だけからいえば、全国からといってもいいすぎではないような広い範囲から動員できるのが、本願寺教団の大きな特徴といえよう。なぜこのようなことが可能だったのか。これはやはり門徒のもつ信仰を考慮する以外に説明がつかない。

一味の安心

本願寺教団を含む真宗の教団においては、教団全体の一味同心、すなわち一揆的結束が、信心のうえでも相当に重大な意味をもっていた。本願寺教団内では、しばしば「一味の安心」という言葉が用いられていた。教団の傘下にある個々の門徒集団は、定期的に寄合をもって、相互に「信不信」の沙汰、つまり信心についての議論を行ない、参加者全員が信心決定に到達することをめざしていたのである。

さらにいえば、この「一味の安心」は何も内面的な信仰の世界に限ったことではなく、世俗における門徒団の秩序にも大きな意味をもっていた。門徒たちが信心の修行に励んで強固な信心を得ることが、門徒団の結束を高めると考えられていたのである。本願寺宗主が、門徒団内部で紛争が起こるたびに、紛争が起こるのは「法儀の志なきゆえ」であり、いっそうの精進によって「法儀の上に和ら」ぐように、しばしば訓戒しているのはこのためである。本願寺教団内では、真実の信心を獲得した人びとによって、世俗的にも強固な一揆を結成することが可能であると考えられていたのである。

教団内の紛争でも、ことに重大な意味をもつのは、宗門全体の象徴である宗主と、その裾野に位置している門徒との紛争であった。これこそ門徒側の信心の欠如によるものであり、もし信心が真実のものであれば、宗主との対立など起こるはずがない、というのが宗主側の言い分であった。門徒側からも、こうした宗主側の言い分に異議申立てを行なった形跡はみられない。門徒たちが、宗主やその一族は、個々の門徒を思いのままに往生させたり、地獄に落としたりできる、と信じこんでいたことも、宗主側の言い分を強化したにちがいない。

以上見てきたような状況のなかでは、宗主を中心とした一揆に参加すること自体、そのまま真実の信心の証であるという考え方が、門徒たちの間に浸透したとしても何の不思議もない。そして真実の信心、信心決定こそは、真宗門徒にとって浄土往生を実現する唯一最大の決定的要因だった。一家の存続をかけて一揆する武家の家中と同じように、本願寺宗主の命令によって、門徒らが自らの後生をかけて一斉に蜂起した理由の一つはここにあると考えられる。

もっとも、本願寺側が武装蜂起について門徒に求めたのは、このあと「大坂籠城」で詳述するように、後生救済の道を教えてくれた親鸞への報恩《ほうおん》である。信心決定が唯一の浄土往生の要件であるという教義からは、一揆への参加が往生につながるという考え方は出てこない。ただ、後生の救いの道を教えた宗祖に恩返しするために、親鸞の家や子孫すなわち本願寺が立ち行くように身命を賭して奉公せよ、これが本願寺側の論理である。

だから本願寺は、奉公しない門徒は地獄に落ちる、などといったわけではない。単に忘恩の徒として破門するといったにすぎない。だがこれは、地獄に落とすというにも等しい宣告であった。本願寺宗主一族が、個々の門徒の往生如何を思いのままに左右できる、と信じこんでいた門徒たちにとっては、破門とはまさに堕地獄そのものだったからである。この論理もまた、さきほど述べた信心と相まって、門徒の一揆参加を促したものと思われる。

不戦派寺院

もちろん、以上のことは教団全体の大きな傾向についていえることであり、文字通りすべての門徒が後生をかけて一斉に蜂起した、というようなことはお伽話《とぎ》にすぎない。たとえば、織田信長のお膝元である尾張国聖徳寺（現愛知県名古屋市）に対し、信長は元亀元（一五七〇）年十一月に、従来通りその地位を安堵することを認めた書状を与えている。本願寺の命令で所々に一揆が起こっているにもかかわらず、聖徳寺が信長に忠節を致すというのはまことに感心である。信長自身が帰国したら本願寺門徒は「男女に寄らず櫓械《ろかい》の及ぶ程に成敗」するが、其方は安堵してやる、と書状には述べられている。

この寺は、かつて信長の舅《しゅうと》である美濃国の斎藤道三《どうさん》と信長とが会見した寺であり、「在家七百間もこれある富貴の所」であり「美濃・尾張の判形を取り候て免許の地」と『信《しん》長公記《ちょうこうき》』は記している。寺院の境内に町屋が立ち並び、商業によって栄え、国の大名から不入権（一種の治外法権）を確保した寺内町《じないまち》であった。このような町の領主として、聖徳寺は現実的な対応をとり、「所々」の門徒たちが宗主の命によって蜂起していくなか、それまでの保護を与えてきた尾張の大名の顔を立てたのであろう。

本願寺の御膝元近くの摂津・河内にも同じような伝承がある。招提寺内（現大阪府枚方《ひらかた》市）に伝わる由緒書によれば、石山合戦のとき信長から、大坂に味方して織田軍から寺内を踏みつぶされるか、それとも信長に従うか、そのいずれを選ぶか、と使者をもって打診してきたという。寺内の者の「衆議」によって、敵対は現実的でない、ということになり、織田軍に従うこととなった。しかし、内心の信心ゆえ、鉄炮には弾を込めずに戦った、と記されている。門徒が「衆議」によって向背を決定したという興味深い伝承を伝えるとともに、やはり現実的な対応をした門徒団がいたことを物語るものといえよう。

また、河内国久宝寺（現大阪府八尾《やお》市）に伝わる伝承では、久宝寺の領主安井主計は、本願寺門徒であったけれども、宗主顕如に従わなかったために、顕如の派遣した一向一揆に攻められ、主計は自害したという。本願寺門徒の内部でも、石山合戦を戦うか否かをめぐって、対立があったことが窺える。

さらに近江国近松顕証寺（現滋賀県大津市）は、本願寺一族寺院であるにもかかわらず、信長から寺内を安堵されており、蜂起に加わらなかったことが窺える。このようにみると、本願寺教団の動向も一筋縄ではいかないものがある。つぎの「一向一揆の履歴」でみるように、本願寺の蜂起に際して一族内部に対立が生じたことも一度ならずあった。本願寺宗主が一族・家臣・門徒らによって推戴されていたことは前述の通りであるが、より正確にいえば一族・家臣・門徒らのうち、宗主に味方した者たちに推戴されているのである。いいかえれば、教団内にはたえず少数派として宗主に一味同心しない、一族・家臣・門徒らが現われる余地があった。これもまた、本願寺教団の一揆的性格を浮き彫りにするものといえよう。

以上のような現実のばらつきを考慮に入れた上で、本願寺教団を軍事的な角度からみてみよう。大名に譬えれば、日本各地にそれぞれ、宗主の命令いっか一揆して武装蜂起を起こすことが可能であるような家臣団をもつ大名ともみることができる。生半可の戦国大名よりはるかに強大で恐るべき軍事力である。その軍事力をもつ本願寺教団が織田信長に対していま、牙をむいたのである。

一向一揆の履歴

それにしても、なぜ本願寺は織田信長に対して戦いを挑んだのであろうか。それを考えるためには、信長の入京以前からの政治情勢を少々おさらいしておく必要がある。本願寺が蜂起したとき、信長が三好三人衆と交戦中であったことは前述した。とすれば、本願寺は三好三人衆に味方して信長と戦いを開始したことになる。

旧勢力との連携

三好三人衆とは、前述のように三好氏一族の三好政康・三好長逸、それに家老であった石成友通の三人のことである。前将軍であり、阿波公方《くぼう》と呼ばれた足利義栄《よしひで》を擁立して、足利義昭の入京まで政権を牛耳っていたのである。彼らは当初、松永久秀とともに三好家の当主義継を助けて第十三代将軍足利義輝《よしてる》の暗殺を敢行し政権を握った。ところが、そののち久秀は三人衆と対立、義継・久秀らは政権を離れたため、もっぱら三人衆が政権を握るところとなった。

いっぽう、義輝の弟義昭はいったん捕らえられ、奈良一乗院に幽閉されたものの脱出し、近江・越前を転々としつつ諸大名に幕府再興をよびかけ、京都奪還を狙っていた。そしてついに、織田信長に擁立されて入京を果たしたことは周知のことであろう。三好三人衆は義昭・信長の軍勢によって京都を追放されたが、その後も義昭の御所を襲うなど抵抗を続けた。元亀元（一五七〇）年七月には、摂津の武将池田一族の内紛に乗じて摂津池田城に入り、摂津国野田・福島に進出していた。これに対して義昭・信長は軍勢を派遣し、交戦中だったわけである。本願寺が三好三人衆に味方した

6　足利義昭木像（等持院蔵）

のはこのような状況においてであった。

義昭が信長に擁立されて入京したものの、旧勢力である三好三人衆の地盤が根こそぎなくなっていたわけではない。旧勢力の支持者は潜在しており、本願寺もまた、じつはこの旧勢力と大変密接な関係があったと考えられる。すでに永禄十二（一五六九）年十一月、本願寺の命令によって阿波門徒が三人衆のために戦っているとして、本願寺は義昭から詰問を受け、そのような事実はないと陳弁している。

また、三人衆と提携していた有力な大名として近江の六角《ろっかく》氏がある。三人衆が義栄を擁立した年の翌永禄九年十二月までには、六角氏と三人衆とは同盟関係を結び、義昭・信長との交戦中もこの関係は続いていた。元亀元年五月、去る四月に浅井氏が信長に反旗を翻した直後に、六角氏が蜂起したときも、この蜂起は浅井氏と通じた行動だと取り沙汰されていた。六月の三人衆の蜂起も、これに連動していると推測できる。

ところで、本願寺は六角氏とも密接な関係にあった。永禄九年四月、六角氏はそれまで領国内から追放していた本願寺門徒の還住《げんじゅう》（在所に戻ること）を許したのである。後述する享禄・天文の争乱において、本願寺と対立した六角氏は、天文五（一五三六）年講和するにあたって、六角氏領内の門徒を破門するという条件をのませていた。この時期にいたって還住を許したことは、本願寺・六角両者の友好関係に進展がみられたものといえよう。元亀元年七月、すでに信長と交戦中だった浅井氏から協力が要請された（『福勝寺文書』）。浅井領内もまた本願寺門徒の勢力の強い地域であり、領内の本願寺門徒と浅井氏との関係は、まえの「一揆ことごとく起こる」で述べたように、すでに天文年間から深いものがあった。こうした事情も本願寺の挙兵を促したと考えられる。

三人衆の教団擁護

だが、三好三人衆ら幕府内の旧勢力との関係なら、どのような大名や寺院・教団も多かれ少なかれあったにちがいない。なにしろ信長の入京までは三人衆が幕府の中枢にいたのであり、いかに短期間とはいえ無関係でいることの方が難しかったであろう。だが、三人衆が追放されてまもなく義栄は死去している。肝心のシンボルがなくなってしまった以上、あくまでも旧勢力との人間関係に固執するいわれはないはずである。それなのに、なぜ本願寺は義昭・信長方につくことなく、滅亡寸前の義栄方との関係に固執したのであろうか。考えられる要因として三人衆の宗教政策があげられる。

永禄八年から十一年までわずか三年という短期間に、果たして政策らしい政策など実施できたか、またその政策の特質を云々することなどできるのか、という疑問がないわけではない。だが、たまたま目に付くのが奈良・大坂・堺の門徒と三人衆との関係である。永禄十一年二月、これまで一向宗取り締りが行なわれていた大和国内の「烏芋峰」（大峰か）に奈良・大坂・堺の門徒たちは一向宗道場の建立を企てた。その際、ことを運ぶにあたって彼らが語らったのが三人衆の一人、石成友通だったのである。これに対して、奈良の五社・七堂は激しく反発し、抗議の訴訟を行なって閉門したため、結局、三好康長の手でこの動きは押さえられた（『多聞院日記』）。

はなはだ断片的な情報ではある。だが、奈良は本来、一向宗禁制の地である。それがどの程度徹底したものだったかについては検討の余地があるにしても、奈良門徒は、いわば〝隠れ〟門徒としての活動を余儀なくされたであろうことは想像にかたくない。そうした〝隠れ〟門徒を中心とした企てに三人衆の一人が手を貸したということは、本願寺教団に対して相当に好意的だったと考えなくては説明がつかないのではないか。

このようにみると、もう一つ宗教教団に関する政策として、キリシタンに対して行なった処置が目に付く。足利義輝を暗殺した直後、三好義継・松永久秀らは京都のキリシタンを追放した。この処置の背後には法華宗僧徒の動きがあったと考えられているが、内実はともかく、この政権が公式に反キリシタンの立場を表明したことは疑うべくもない。

いっぽう、義昭・信長政権が、反対にキリシタンを優遇したことは周知のところである。将軍が義栄から義昭へと変化することによって、幕府は反キリシタンから親キリシタンへと立場を変えていったことになる。しかも、反キリシタンであった前政権は、一方で親本願寺派の立場をとっていたとすれば、このような変化が本願寺に新政権警戒の態度をとらせたとしてもおかしくはない。

もちろん信長が、一向一揆との対抗上キリシタン保護の立場をとった、などと考えることはできないことは、高瀬弘一郎氏の指摘の通りであろう。キリシタンがある程度の勢力をもつのは、石山合戦が終了してからずっとあとのことであり、この時代のキリシタンは、一向宗に対抗する力など考えられない、とるに足りない勢力にすぎなかったのである。ただ幕府の宗教政策が、本願寺には必ずしも有利とはいえない方向に転換していく、という危惧をいだかせたとみることは可能であろう。

このようにみてくると、数のうえではほんのわずかで断片的だが、本願寺教団とキリシタンとの軋轢《あつれき》を伝える史料が目に付く。イエズス会宣教師ルイス・フロイスは、石山合戦の始まった元亀元（一五七〇）年に、三好家中の会議の模様を本国に報告している。それによると、会議の席上一部の重臣たちが、キリシタンを保護した領主らがみな滅亡に等しい災難に遭遇したことを考えると、信長に勝利したあかつきにはキリシタンを追放すべきであると主張したという。さらにこの報告には、この重臣たちに劣らず「大坂の坊主」もキリシタンに憎悪をいだいていると述べられている。

また『陰徳太平記』は、石山合戦の原因として、キリシタンが信長に本願寺派など真宗のことを讒言《ざんげん》したことをあげている。後世に編纂された書物という史料の性格上、正真正銘の史実とみるわけにはいかないが、フロイスの報告とも、つじつまは合っている。本願寺教団とキリシタンとの軋轢を窺わせる興味深い記述といえよう。

本願寺教団に対して、きわめて好意的だった三好三人衆らの前政権を追放して京都に出現した新政権は、本願寺教団とは相容れないキリシタンに好意的な政権であった。親鸞の法灯を後世に伝えていくべき本願寺としては、この新政権に対して早晩何らかの応対をしなくてはならない、との覚悟を固めざるを得なかったのであろう。

石山合戦の過程で本願寺と足利義昭が結ぶにいたったことから、開戦の当初から本願寺と義昭との間に何らかの連繫のあったことを想定する考え方もあるが、これはかんぐりすぎであろう。開戦と同時に、本願寺家臣の下間証念は加賀の門徒に対して、義昭は信長と「御一味」して「此方」すなわち本願寺とは「御義絶に及ばれ」たことを伝えている。この段階では、義昭にとって、本願寺は三好三人衆に一味する謀叛人でしかなかった。

このように教団存続のために、場合によっては幕府中央の政争に介入するという方針は、戦国時代の本願寺が割合頻繁にとってきた方法であった。

永正の争乱

その事例は、石山合戦以前にも少なくとも二回ある。第一の事例は、永正三（一五〇六）年に全国を巻き込んだ内乱が起こり、各地で一向一揆が起こった事件であり、永正の争乱とよばれるものである。

ことの起こりは、当時幕府最大の実力者であり、本願寺の外護者だった細川政元《まさもと》と畠山氏との対立である。細川政元は、畠山氏の家督争いを利用して勢力を築いてきた。明応二（一四九三）年、将軍足利義材《よしき》を追放して実権を握った際には、管領畠山政長《まさなが》と義材が、畠山氏の一方の勢力である義豊《よしとよ》を攻撃している最中に、これまで提携してきた政長を見限り、義豊と結ぶという離れ業を行なった。畠山氏の家督争いに介入し、一方をつねに抱き込み、他方との対立を激化させるという、応仁の乱以来のやり方である。

ところが、追放された義材に従っていた政長の子畠山尚順《ひさのぶ》と、義豊の子義英《よしひで》が、永正元年和睦した。義材は、周防で反政元勢力によびかけて上洛を企てている。政元は最大の政治的危機を迎えた。義英の籠る誉田《ほんだ》城を攻めあぐねた政元は、本願寺実如《じつにょ》に摂津・河内の

7　実如画像（願行寺蔵）

門徒を動かすよう要請した。再三断ったものの、ついに根負けした実如は、摂津・河内の門徒に出陣を命令した。ところが、畠山方についていた門徒らは「開山上人（親鸞）以来例のないことである」と出陣を拒否した。困り果てた実如は、加賀から一〇〇〇人の番衆を出陣させて義理を果たした。

　この処置に不満をいだいた摂津・河内の門徒たちが、宗主実如を排斥して実如の異母弟実賢《じっけん》を擁立しようと企てたことは、さきの「一揆ことごとく起こる」で述べた通りである。この紛争は一族内にも波及し、久宝寺実順《じつじゅん》も実賢擁立にまわり、本善寺実孝《じっこう》は反対に実如につくなど混乱が生じた。本願寺宗主も、この政争のなかで旗色を鮮明にせざるを得なくなったのである。そして、本願寺の指令によって加賀・越前の門徒が細川政元方として蜂起し、越前国朝倉氏と戦ったのをはじめ、永正三年諸国で一向一揆が蜂起した。

『東寺《とうじ》光明《こうみょう》講過《こうか》去帳《こちょう》』によれば、大和・河内・丹後・越中・越後・能登・越前・加賀・美濃・三河などで、京都勢（政元軍）の武力行動や一向一揆の蜂起によって戦乱が起こり、多数の死者が出た。『東寺過去帳』では、加賀・能登・越前・越中・越後・美濃・尾張・近江・伊豆・駿河・山城・丹後などで戦乱があったと記されている。

そのいくつかは本願寺の指令にもとづいて、細川政元側として蜂起したものであることがわかっている。もちろんなかには門徒が情勢を見つつ、内乱のなかで自発的に蜂起したものもあったかも知れないが、全体としてはおそらく本願寺の指令を受けての統一的なものだったと推測できる。

諸国の一向一揆

神奈川県横須賀市浦賀の乗誓寺には、宗主実如の弟である本泉寺蓮悟《れんご》が、永正の争乱当時、門徒に宛てて書いたとされる檄文《げきぶん》が伝わっている。蓮悟は、同じく実如の兄弟である松岡寺蓮綱《れんこう》・光教寺蓮誓《れんせい》とともに加賀に居住し、北陸門徒の指導者であった。本泉寺・松岡寺・光教寺は加賀三ヵ寺とよばれており、加賀における本願寺の司令塔ともいうべき存在であった。蓮悟の檄文はつぎのようなものである。

志人数中の覚悟

一筆申し候、よって各《おのおの》存知の事にて候。能州の儀は、仏法を絶やし候べき造意をもって、数年長尾に申し合わせられ、既に現形の働きにて候間、身にかかり候あつ火にて候上は、御門徒と一日も名をかけられ候面々は、これを口惜《くや》しとも、あさましきとも存ぜられず候人々は、真実に情けなき心中たるべく候。そもそもこの度往生極楽の一大事を遂げ給うべき、かかる類もなき弥陀《みだ》の法を潰《つぶ》され候わんずる事、千万々々無念の至りに候間、我人年来の雨山の御恩徳を被り候報謝のため、にここにて身命《しんみょう》をも捨て、馳走あるべく候事は本望にあらず候哉。この時志の面々は、何時たるといえども同心候わば、誠にありがたく候べく候。あなかしこ。

三月十六日　　蓮　悟（花押）

志人数衆中

（原文を一部漢字に変えてある）

能登の守護畠山義元と越後の守護代長尾能景とが組んで、本願寺を滅ぼそうとする企みによって行動していることが明らかになった。いやしくも親鸞の弟子となった者は、身命を捨てて本願寺へ恩返しせよ、これが北陸の司令官の命令であった。「仏法を絶やし候べき造意」とは本願寺を滅ぼすことである。本願寺にとっては「仏法」即本願寺であった。宗主一族が断絶すれば「仏法」が滅びるとも考えられていたのである。これに答えて、北陸の各地で門徒らが蜂起した。

この蜂起によって、越中国では加賀と同じように一向宗徒が国を取り仕切る状況となった。このため、越中に荘園をもつ京都の公家たちの間では「寺社本所領」が本来の領主である自分たちのもとに返還されるだろうとの期待が広がった。

また、長尾能景は加賀・越中の一向一揆と戦った末、九月に戦死している。越後国ではすでに能景の手によって一向宗の信仰が禁止され、門徒が追放されるなど、弾圧が行なわれていた。

さらに加賀の一向宗徒と、朝倉氏との抗争に破れ加賀に亡命していた甲斐氏の牢人とが連合して、七月に越前に攻め込んでいる。だが、これを迎撃した朝倉貞景は一向宗勢を撃破し、国内の一向宗拠点寺院を破却した。

北陸ばかりではない。彦根市の明照寺には、本願寺が美濃に軍勢を派遣するにあたって、明照寺が種々奔走したことに対し、宗主実如が送った感謝状が伝えられている。そしてこの年、美濃国では「土一揆」が蜂起している（『実隆公記』）。美濃門徒もまた、本願寺の命令によって蜂起したのであろう。

さらに北条氏の領国である関東でも、この年一向宗が禁止されており（『善福寺文書』）、関東にも一向宗の武力行動のあったことが推測される。

本願寺の命令により、北陸地方を中心に門徒が蜂起し、各地で一向一揆が起こる、というのが永正の争乱の実態だったと考えられる。本願寺の意図は、足利義澄《よしずみ》を擁する細川政元と足利義材派諸大名との抗争のなかで、教団を守るために政元派の一角として積極的に抗争に介入していくことだった。ちょうど石山合戦の際、義昭・信長と三好三人衆・六角ら旧勢力との抗争に介入していったのと同様である。

享禄・天文の争乱

第二の事例は、享禄・天文の争乱とよばれるものである。細川政元の二人の養子澄元・澄之の争いからはじまった細川家の内紛は、将軍を巻き込む一大抗争に発展していった。享禄年間（一五二八～三二）には将軍義晴を擁する細川高国と、義晴の弟義維《よしつな》を擁する細川晴元とが対立し抗争していた。本願寺はこれに巻き込まれ、自らも介入していったため、各地で一向一揆の蜂起がみられた。最初は、本願寺一族の加賀三ヵ寺と門徒の一揆とが、国の秩序を仕切っていた加賀での内乱である。

大永七（一五二七）年、丹波の国人波多野稙通・柳本賢治らが京都に攻め込み、将軍義晴と細川高国らは近江に逃れた。この一月後、細川晴元とその家臣三好元長らは、義晴の子義維を擁立して和泉国堺に上陸した。義晴・高国と義維・晴元との抗争が始まる。

この対立の構図は加賀にも飛火した。加賀では、従来から加賀門徒の頂点に立っていた加賀三ヵ寺と、永正の争乱のとき越前から亡命してきた一族寺院の超勝寺とが対立した。加賀三ヵ寺は前宗主実如の兄弟であり、実如の時代には宗主の補佐役として教団の中枢にいた実力者である。対する超勝寺は実如の弟蓮淳《れんじゅん》の婿であり、その蓮淳は幼少の現宗主証如《しょうにょ》の外祖父である。新宗主の登場により力を付けてきた勢力といえよう。

加賀三ヵ寺と超勝寺との間には、もともと一族内の対立を誘発する要素が存在していたのである。三ヵ寺は、この当時の情勢に従って高国方についていたが、超勝寺は晴元方につくことに活路を見いだそうとした。

享禄四（一五三一）年六月、天王寺の合戦で高国は三好元長に大敗し、捕らえられて殺害されるという事件が起こった。これを機に、蓮淳は本願寺教団として晴元方につく道を選択し、七月、家老下間頼秀・頼盛兄弟を指揮官として、門徒の軍勢を超勝寺方支援のため加賀に派遣した。本山の状況をみて、加賀一向一揆のメンバーの大半は超勝寺方（こちらを大一揆という）についたため、松岡寺蓮慶《れんきょう》が自殺するなど三ヵ寺方（対してこちらを小一揆という）は大敗して加賀を逃亡した。加賀の実権は大一揆が握った。

その後、晴元は三好元長と対立するにいたる。いっぽう、河内国では畠山義宣《よしのぶ》とその家臣木沢長政とが対立した結果、晴元は木沢長政と結んだ。畠山義宣が木沢長政を攻めると、木沢は晴元に救援を要請、晴元は本願寺証如《しようによ》に木沢救援を依頼した。証如は畿内門徒を率いて義宣を攻めたため、義宣は高屋城に逃げ込み、さらに石川道場に出奔《しゆつぽん》したが捕らえられ、享禄五年六月殺害された。ついで晴元は、証如・長政を差し向けて三好元長を攻め、元長は顕本寺で自殺した。本願寺は晴元方として公然と政争に介入し、その武名は畿内に轟いた。

第一次石山合戦

ところが、七月に奈良門徒の一揆が興福寺《こうふくじ》を攻め、その塔頭《たつちゆう》・坊舎を焼くという事件が起こった。一揆衆は興福寺六方衆を破り、高取山《たかとりやま》を囲んだが越智《おち》利基は持ちこたえ、八月には筒井《つつい》らとともに一揆を破り、一揆は吉野に退却した。この事件をきっかけに、細川晴元は本願寺と対立し、一向一揆を攻めるために日蓮《にちれん》宗徒を動員した。日蓮宗徒は、京都の一向宗寺院をことごとく破壊するという行動に出た。また、近江国の守護大名六角定頼は坂本に出て大津顕証寺《けんしようじ》（蓮淳の寺）を攻め、畿内諸地域で晴元方勢力と一向一揆とが交戦するという状況になった。定頼は八月、日蓮宗徒とともに山科《やましな》本願寺を焼討し、証如らは大坂本願寺に逃れ、ここに籠城した。

天文元（一五三二、享禄五年は八月天文元年と改元）年十月、将軍足利義晴《よしはる》は晴元と和解し、義維《よしつな》は京都を出奔する。ここにいたり、将軍義晴を擁した晴元・定頼・日蓮宗徒の法華一揆らは、連合して本願寺勢を攻め、摂津・堺で大規模な戦闘が行なわれた。翌年六月、三好千熊（長慶）の仲介で晴元と本願寺とはいったん和解した。

だが、翌三年五月、和平はふたたび破れ、河内・摂津で激戦が続いた。四年六月、一向一揆は畠山氏家臣の遊佐《ゆさ》長教の軍勢に大敗を喫し、以後大坂に籠城を余儀なくされ、和平を結ばざるをえないほど追い詰められた。九月、教団のなかで主戦派だった本願寺家老の

8　証如画像（上宮寺蔵）

下間頼盛が大坂を退去し、以後本願寺の本寺である青蓮院《しょうれんいん》尊鎮《そんちん》法親王《ほっしんのう》の仲介で行なわれた和平交渉が現実化する。十一月に晴元との和睦が成立、戦闘は停止した。翌五年、将軍義晴より本願寺は「赦免《しゃめん》」され、十二月には、前述したように、近江国の門徒を破門するという条件をのん

で六角氏との和睦も成立した。

以上が享禄・天文の争乱の経過である。この一向一揆には、諸国の門徒が宗主の命令によって動員され、教団全体が一方の政治勢力と認識されたため、各地で門末が抗争に巻き込まれた。さらに、京都山科《やましな》の本願寺は焼討にあい、本願寺宗主らは大坂に籠城する羽目になって、以後石山合戦の終局までここが本山となったのである。この戦乱はさながら、第一次石山合戦とでもいうべき諸特徴をそなえている。

信心による戦

まず第一に、諸国の門徒が動員された。たとえば天文三年四月には、本願寺防衛のため尾張・三河・美濃の坊主衆が上洛を命じられた。また同じころ、宗主証如によって近江国平田明照寺に、大坂警固のため門徒を派遣するよう要請がなされている。紀州門徒にも、万一のときには上洛するよう要請がなされている。近江国堅田本福寺も、わずかな手勢で一族寺院の顕証寺を警固したと伝える。

こうして戦闘に動員された門徒に対しては、証如の感状《かんじょう》（戦功を顕彰した文書）が与えられた。たとえばつぎのようなものである。

今日の合戦に廿一人討死のよし、いたわしさ、是非に及ばず候。然れども聖人の味方を申され、頼もしく、ありがたく候。討死の方々は、極楽の往生をとげ候わんずる事疑いなく候。いよいよ馳走頼み入り候。此の討死の跡へも、伝えられ候べく候。あなかしこ。

八月九日　　　　　　　　　　　　　　　証　如（花押）

野田惣中へ

（『円満寺文書』。原文を一部漢字に変えてある）

親鸞の味方をして討死した面々の極楽往生は疑いなし、と記されていることがひときわ注目される。さきの「一揆ことごとく起こる」でみたように、真宗の教義からいって、極楽往生の要件は信心決定であり、決して本願寺に忠節を尽くすことではないはずである。にもかかわらず、宗主がこのように書いたのは、この言葉こそ、討死した門徒やその遺族が最も痛切に聞きたかった言葉であるからに他ならない。門徒たちが往生の願いによって蜂起したこと、そして門徒のこのような信心は、真宗の教義に基づくというよりも、門徒の側にもともとあった独自のものであることを、証如のこの消息は問わず語りにしめしている。このような門徒の信心の内容については、このあとの「一向宗の教団」「大坂籠城」で詳しくみたい。

宗主の直接の指令なしに蜂起した門徒も存在した。奈良での一向一揆は、宗主の命令なしに行なわれたものと、現在までの研究では考えられている。また、詳細は不明だが、鎌倉でも一向宗徒の何らかの動きがあったらしく、三浦郡の一向宗徒をすべて鎌倉光明寺の檀家《だんか》とする北条氏の施策が行なわれている。

宗教一揆の特質

もう一つの特質は、本願寺教団そのものが一つの政治勢力と考えられ、諸大名からと同様諸宗派からも警戒されたことである。たとえば、細川晴元の管領代とされる茨木長隆はつぎのような書状を堺の念仏寺に宛てて発している。

本願寺の事、別儀なき旨これを申さるるといえども、一揆等ほしいままの動き、造意歴然なり。然る上は諸宗滅亡この時たるべきか。所詮当宗中、この砌《みぎり》あい催され、忠節を抽《ぬき》んでらるれば、御快然たるべき由候なり。よって執達くだんの如し。

享禄五
　八月二日　　　　　　　　　　長　隆（花押）
　　念仏寺

（『開口神社文書』。原文を漢字仮名混じり文に書き改めてある）

一揆のほしいままの行動をみれば、本願寺の謀叛の意思は歴然としている。いまや諸宗派も（本願寺派の攻撃によって）滅亡の危機に瀕しているのだから、当宗（念仏寺は浄土宗）

も立ちあがってほしい。茨木長隆が伝えた晴元の言い分をみれば、本願寺教団全体が、晴元のみならず諸宗派にも敵対する政治勢力と見なされていることは明らかであろう。

事実、日蓮宗徒との間には激しい抗争が展開された。天文二年（一五三三）二月十四日、京都伏見《ふしみ》では「一向宗」西方寺の僧侶が、日蓮宗立本寺衆徒の手で捕らえられ、その日のうちに殺害された（『実隆公記』）。『妙法寺記《みょうほうじき》』によれば、日蓮・本願寺両派の対立は、京都での抗争が全国に伝達され、方々で日蓮宗側による本願寺派攻撃が行なわれたという。この記述を裏書するように、遠く常陸国でも日蓮宗徒は、本願寺門徒を在所払いにすべく、守護大名の佐竹氏に訴訟している。たしかに日蓮宗徒は、山科本願寺攻撃のため、畿内における本願寺派との戦いのために晴元勢により動員された。しかし、単なる京都・畿内における動員にとどまらず、諸国における宗派間の戦いに発展したことがこの争乱の特徴といえよう。

享禄・天文の争乱は、本願寺宗主が幕府中央の政争に介入し、教団の立場を維持するべく、各地の門徒に蜂起を指令したことによって拡大していった。その点では、石山合戦と共通の性格をもっているといえよう。それにしても、本願寺はなぜ、一度ならずこのような方針をとったのであろうか。もちろん他の仏教諸派にも、教団を維持するために、政治情勢を睨みながら時の権力者に味方して軍事行動を行なう、という行動はありえたにちがいない。現に日蓮宗がそうであるし、さきにみた茨木長隆の奉書《ほうしょ》をみれば、宗教教団が政治権力に「忠節を抽《ぬき》でる」ことはままあったであろう。

だが、それにしても本願寺派の行動は、組織性、規模の大きさにおいて群を抜いているといえよう。一向一揆が恐れられた所以《ゆえん》である。なぜ本願寺は他の、たとえば真言宗《しんごん》や浄土宗《じょうど》・禅宗などにくらべて、とくに敏感に時の権力者の動向に反応していく必要があるのだろうか。その点は本願寺派の社会的性格にかかわっている。本願寺の宗派は、当時の言葉で一向宗とよばれたが、一向宗は、ともすれば大名など支配層から警戒の対象となることの多い、端的にいえば危険でいかがわしい宗派とみられがちであった。

後述するように、もともと一向宗の名でよばれたのは本願寺派だけではないし、親鸞の教義を受け継ぐ真宗諸派のみでもない。通説では、一向宗は真宗の別名ということになっているけれども、中世の一向宗はもっと多様な宗教者を指す言葉である。だが、ともかくも戦国時代には、この一向宗が本願寺教団へと結集していった。

その結果、本願寺は危険でいかがわしい宗教者の頭目のようにみなされたのである。このような宗派が存続していくためには、政治的に有力な外護者を獲得して、警戒の包囲網の中で袋叩きにあうことを避ける以外なかろう。本願寺の行動は、このように説明することができる。

そこで問題となるのは、中世の一向宗とは何なのか、なぜ戦国時代に一向宗が本願寺へと結集することになるのか、という点である。以下この問題を考えていきたい。

一向宗の教団

危険な宗旨

戦国大名の一向宗対策をみると、一向宗が武力蜂起を引き起こす宗派と考えられ、彼らから警戒され、恐れられていたことがわかる。

さきにみたように、たとえば越前では、永正の争乱をきっかけに本願寺派の寺院が朝倉氏の手で破却されている。関東の北条氏の領内では、永正三（一五〇六）年から六〇年間にわたり一向宗が禁制された。越後の長尾氏も「無碍光宗《むげこうしゅう》」（本願寺の宗旨を指す名称）を領内で禁止している。享禄・天文の争乱の際、北条氏の領内では三浦郡の一向宗が鎌倉光明寺の檀家として統制されている。

さらに九州では、肥後の相良《さがら》氏領内で一向宗が分国法によって禁止されていた。「相良氏法度」には、一向宗を禁止しなくてはいけないことは、一向宗徒の支配する加賀で白山が噴火したこと（すなわち白山の神が怒りを顕したこと）をみても明らかである、と述べられている。事実、永禄六（一五六三）年、領内で一向宗成敗が行なわれ、津奈木市助の領内の者や、津二郎領内の者らが成敗されており、甲河《こうが》弥七郎という者が逃亡している（『八代日記』）。

さらに島津氏も、領内で一向宗を禁止しており、天正十三（一五八五）年に領内に入った肥後国隈荘《くまのしょう》で一向宗の成敗が問題となっている。このときは、いきなり成敗するのはまずいから、まず転宗を厳しく指示し、承知しない者は処刑する、という方針に決まった（『上井覚軒日記』）。島津家中興のために力を尽くした島津忠良も一向宗を危険な宗教とみていたと伝えられる。その伝記『日新菩薩記《にっしんぼさつき》』には、「一向宗が流行《はや》れば、父母を蔑視し、神仏をないがしろにするなど人間以下の行為が行われるから、末長い子孫繁栄のためにその徒党を根絶すべし」という、忠良の言葉が記されている。

さらに、守護大名ではないが、中世に大和国平野部の事実上の領主であった興福寺は、さきに述べたように領内の一向宗を取り締まっていた。とくに、享禄・天文の争乱に際して一向宗禁止の方針を再確認している。そのいっぽうで、十五世紀に興福寺別当であった経覚《きょうかく》や尋尊《じんそん》が蓮如《れんにょ》と親交のあったことは著名である。興福寺の僧侶は本願寺とは交渉をもちながら、領内の一向宗徒は厳しく取り締まっていた。

このような一向宗への警戒観は、豊臣秀吉にもあった。秀吉は天正十五年、バテレン追放令とともに発したキリシタン統制の法令のなかで、つぎのような一向宗観を述べている。すなわち「一向宗はその国・郡に寺内《じない》をたてて、領主へ年貢を納めない。それだけでなく、加賀は一国すべて門徒となって、国主の富樫《とがし》を追い出し、一向宗の坊主が国を治めるようになった。そのうえ越前国まで奪取して、天下の重大な障害となったことは皆知っている」と。『明智軍記《あけちぐんき》』もまた「一向宗は僧侶の姿をしながら肉食妻帯するという『外道《げどう》』の類である。また国々に末寺が多いため、方々で一揆を起こし、守護の下知《げち》に従わず、国に害を及ぼす」と同様の見解を記している。

本願寺の教義

なぜ一向宗は、このように支配層から警戒されてきたのだろうか。通常いわれていることは、法然《ほうねん》・親鸞《しんらん》の教義が当時の支配層から警戒される内容をもっていたから、というものである。事実、鎌倉時代初期、伝道の当初から山門《さんもん》（延暦寺）や興福寺から非難を受け、朝廷の弾圧を受けたこともその証拠とされてきた。だが、戦国期の一向宗を考えるとこの説明には難点が多い。

たとえば、山門衆徒はたしかに、十五世紀中葉に、近江における本願寺蓮如の活動を警戒して弾圧に出て、当時、京都東山大谷にあった本願寺を破却し、近江の門徒の道場を破壊した。だが、数年間の軋轢《あつれき》ののち、結局本願寺が末寺銭《まつじせん》を支払う、ということで折り合いがついた。そしてその後、本願寺教団の隆盛のなかでも弾圧を加えたことはない。本願寺は、教義ゆえに警戒されたことはないのである。十五世紀中葉に山門が加えた攻撃は、商売敵《がたき》同士の間にありがちな軋轢の結果とみるべきではなかろうか。事実『本福寺跡《ほんぷくじあと》書《がき》』は「過分の礼銭《れいせん》（示談金）に相果たさん」という山門の悪僧の言葉を記している。

戦国時代の本願寺が、どのような教えを説いたかについてみるために、たびたび登場する蓮如が、門徒の教化のために著した『御文《おふみ》』をひもといてみよう。

まずは阿弥陀《あみだ》一仏《いちぶつ》へ帰依《きえ》すべきことが説かれる。阿弥陀仏にひたすら帰依し、信心を深めるべきこと、後生《ごしょう》の救済をあえて他の神仏に求めるべきでないことが強調される。だがいっぽう、だからといって一般的な信仰の対象である他の諸神仏を否定したり、軽んじたりしてはならない。自分が信じないとしても、おろそかに考えることは決してあってはならないことである。だから自分の信心を軽々しく他人の前で主張し、争いを起こすようなことをしてはいけない、と他宗派・他信仰との協調が繰り返し説かれている。

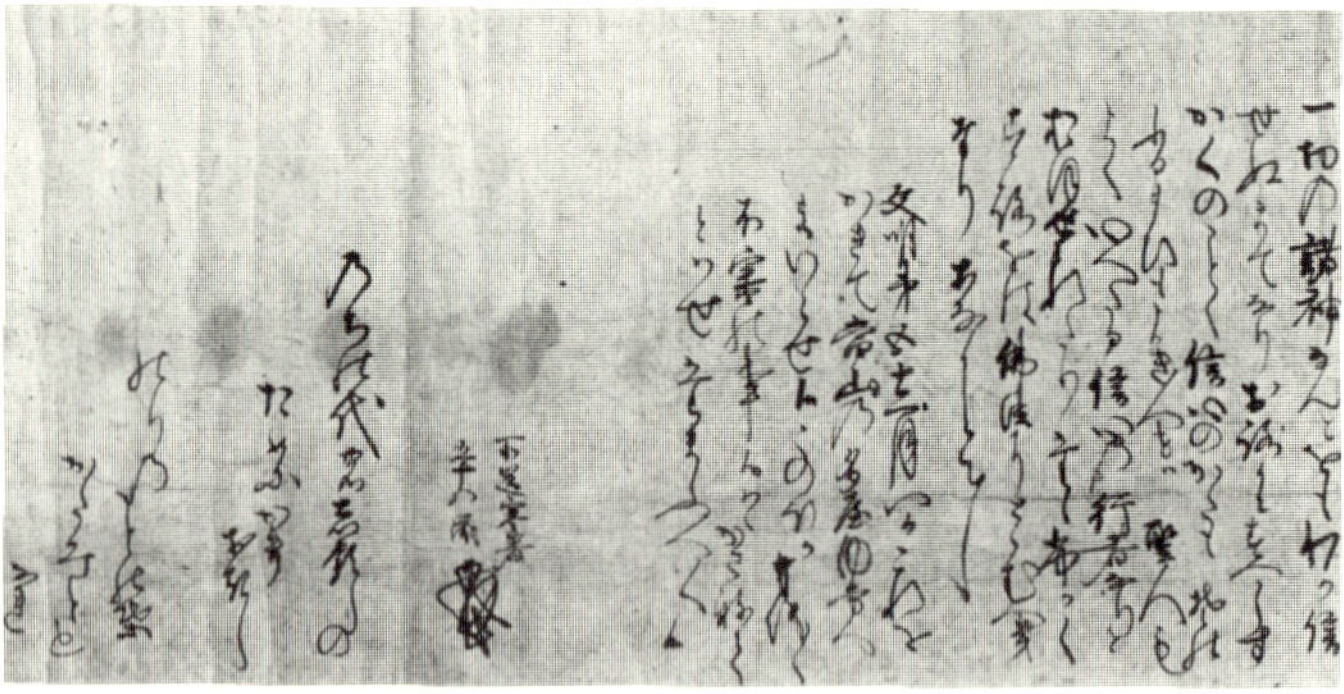

9　蓮如の御文（専光寺蔵）

つぎに、このこととの関連で、世俗の慣習を尊重して物忌《ものい》みにも同調すべきことが説かれる。中世では真宗門徒は雑行雑修《ぞうぎようざつしゅ》をしないとの趣旨から、死者に接した際にも、神社に参詣するときにも物忌みをしないことで著名であった。蓮如は、そのような信仰上の作法も、軽々しく世間の目に触れるような真似をしてはいけないという。物忌みをしないというのは仏法の面、つまり内心の問題であり、世間との付き合いではその習慣に従って物忌みをすることは当然のことである、というのである。

第三に、現世の秩序とともに支配者を尊重すべきことが説かれる。自分自身が念仏修行《ねんぶつしゅぎよう》によって信心を獲得したからといって「守護《しゅご》・地頭《じとう》」すなわち国の大名や在所の領主の権威を軽んじることはまかりならない。かえって慇懃《いんぎん》の振舞をし、年貢・公事《くじ》（税金）をきちんと納めよ、その他自身の振舞についても仁義を守ることを原則とせよ、と説いている。

さて、このような教えをきちんと守った者が現世の支配者と衝突し、一揆を結んで武力蜂起をしたりするだろうか。とてもそうは思えない。そもそも、武力に訴えて宗教反乱を起こすような宗教は、もっと過激なことを説くものである。

六世紀に中国で起こった大乗《だいじょう》の乱では、信徒に対して「信仰を迫害する人々は迷うことなく殺害せよ。むしろ法敵を殺害することによってそれだけ修行の位があがる」旨が説かれたという。外国のことはさておき、わが国でも近世の初めの十七世紀に起こった島原《しまばら》・天草《あまくさ》の乱では、やはり信心による蜂起を訴える煽動《せんどう》が行なわれた。すなわち「今天人が天下り、異教徒を神が罰することになったから、神の罰を受けたくない者は改宗し、神のために蜂起せよ」との趣旨の回文が、村々をめぐり決起が促されたという。

蓮如の教義は、まったく似てもにつかないものである。『御文』をたとえばもし戦国大名にみせたなら、どう思っただろうか。好都合なことに、ただ一つではあるが、戦国大名の一人が『御文』をどうみていたかをしめす貴重な証言がある。享禄・天文の争乱のおり、諸国で本願寺門徒と日蓮《にちれん》衆徒とが衝突したことはさきの「一向一揆の履歴」でみた。常陸国でも日蓮衆徒が、守護大名の佐竹《さたけ》氏に、本願寺教団は邪教だから取り締ってほしいと訴訟し、本願寺門徒らは一時、在所払いになったことがある。その際、本願寺末寺の上宮寺は人を介して佐竹氏に、蓮如の『御文』に記された門徒の掟をみせ、教団の正当性をアピールした。その結果、佐竹氏は本願寺門徒の在所払いを撤回したのである（『天文日記』）。『御文』が佐竹氏に好印象を与えたことはまちがいない。

戦国大名にだって『御文』のみをみれば、本願寺教団を弾圧しようとは思わない者もいたのである。『御文』が説く民衆の世俗的立場の肯定や、平等な救済思想が、社会変革の論理につながり、一揆の誘発を懸念した支配者から警戒されたという想定もされているが、現実の戦国大名はそれほど疑り深いとは限らない。少々脱線すれば、鎌倉時代から真宗《しんしゅう》や時宗《じしゅう》などは概して武士に受けがよかった。鎌倉幕府が、鎌倉で活動する念仏者を取り締ったことはあるが、それはその信心や思想のゆえではなく、常軌《じょうき》を逸した行動ゆえであったと指摘されている。

真宗と一向宗

さて、それではなぜ一向宗は、かくも戦国時代の支配層から警戒されたのであろうか。結論からいえば、一向宗と親鸞の真宗とは別物だからである。もちろん、親鸞を開祖とする真宗諸派が一向宗とよばれたことは前述の通りである。

だが、真宗以外に時宗も、あるいは鎌倉期の念仏者一向俊《しゅんしょう》聖を始祖とする一向派も、一向宗とよばれていた。

単に一向宗の名でよばれる宗派が、真宗以外の幅広いものだっただけではない。一向宗徒は、自分の宗派の教義とは異なる、独自の信心の傾向をもっていた。そしてこの独自の傾向は、その宗派の如何を問わず、共通するものだったのである。

たとえば蓮如は、前述のように門徒に対し、自身が阿弥陀一仏しか信仰しないからといって、他の諸神・諸仏を否定したり軽んじたりしてはならないことを説いていた。この点は宗祖の親鸞も同様である。すなわち宗祖や宗主の教訓とはうらはらに、真宗門徒のなかには阿弥陀仏以外の諸神・諸仏をおおっぴらに否定したり軽んじたりする者が、あとを絶たなかったことが窺われる。

ところが、この傾向は真宗内部のみではなかった。鎌倉後期に制作された絵巻物『天狗《てんぐ》草紙《ぞうし》』では、時宗《じしゅう》が一向宗と自称して「弥陀如来の外の余仏に帰依する人を憎み、神明《しんめい》に参詣する者を嫉《そね》む」と批判している。時宗の宗祖一遍《いっぺん》は美作《みまさか》国の一宮や、安芸《あき》国厳島《いつくしま》神社など「諸神」に参詣したことで知られ、「神明に参詣する者を嫉」んだりするとはとても考えられない。だから真宗門徒も、時宗信徒も、宗祖の指示に背いて諸神・諸仏を否定したり、軽んじたりしていたことになる。

もう一例をあげれば、真宗門徒のなかには造悪無礙《ぞうあくむげ》とよばれる傾向が存在した。阿弥陀仏は悪人をも救済してくれるのであるから、真の信心をもつ者は自ら悪行を行なうことを恐れてはならない、と説くものである。もちろん親鸞も蓮如も批判したにもかかわらず、このような門徒内部の傾向は親鸞・蓮如の二人の時代に共通して見い出されるほど根深いものであった。

ところが、時宗にもこれが見い出される。一遍の後継者である他阿真教《たあしんきょう》が、往生《おうじょう》のための教えではなく悪の教説であり、近代「悪無礙の法文」といって信心のない者が盛んに主張し触れ回っているもの、と批判している代物である（『他阿上人法語』）。これもまた宗祖が説いたわけでもないのに、真宗にも時宗にも見い出される共通の傾向といえよう。

このように、等しく「一向宗」の名でよばれる真宗・時宗には、宗祖の教えからは出てくるはずのない、しかし共通の傾向が見い出される。このことは、本来真宗でも時宗でもない「一向宗」の信仰があったことをしめすものである。むしろ、実態からいえば、この「一向宗」徒のある者が真宗に帰依《きえ》し、ある者が時宗に帰依していたのだろう。

そしていま問題となるのは、この「一向宗」である。じつは、一向一揆の立役者として警戒された「一向宗」とは、真宗や時宗の母体となった本来の一向宗だと考えられるのである。十五世紀後期に、蓮如は越前国吉崎《よしざき》に赴き、北陸の門徒に伝道を行なった。北陸における本願寺教団の隆盛、それにともなう加賀一向一揆の勃発という、戦国時代の著名な事件の発端である。

10　吉崎御坊（照西寺蔵）

そこで蓮如は、説法を聴聞しに参集してくる門徒に対し、親鸞の教えに帰依する者は自ら「一向宗」と自称してはならないと、口を酸っぱくして説いている。いっぽう、一揆を起こした門徒たちは「一向宗」と自称していた、との一禅僧の証言がある。この二点は、つぎの二つのことをはっきりとしめしている。まず蓮如は、親鸞の教義が一向宗ではないことを、自ら一向宗だと頑《かたくな》に信じている信徒たちに説いていたこと、そして一向一揆を起こしたのは自ら一向宗徒と信じる者たちだったこと、この二つである。

近世薩摩の一向宗

それではこの、真宗や時宗の母体となった一向宗の徒とは、どのような者たちだったのだろうか。この点を直接に物語る中世史料はほとんどないので、少々回り道をして近世の史料を手がかりにしたい。前述したように、戦国時代の島津氏は一向宗を取り締っていた。この取り締りは、近世薩摩《さつま》藩でも引き続き行なわれ、もちろん本願寺派も取り締りの対象であり、薩摩で真宗が解禁になったのは、じつに明治になってからだったのである。

近世薩摩の一向宗取り締りに関する史料を通じて、より詳しく具体的に一向宗の実態について知ることができる。これらの史料によると、一向宗の伝播《でんぱ》者として取り締りを受けたのは、山伏《やまぶし》・社人《しゃにん》（下級神官）・巫女《みこ》・念仏僧・平家琵琶《びわ》法師・地神経琵琶法師《じしんきょう》（竈祓《かまどばらえ》を行なう琵琶法師）・六十六部・旅人・商人らであった。

彼らはともすれば、病人のいる家へ入り込んで祈禱《きとう》を行ない、一向宗に入信すれば病が平癒《へいゆ》する、と言葉巧みに勧誘したという。また民衆の側でも、こうした行きずりの漂泊民《ひょうはくみん》に祈禱を頼んだり、占いを頼んだりする慣習があった。山伏・念仏僧・六十六部などの宗教者のみならず、単なる旅人や山方稼ぎの者にも祈禱・占いを依頼した。この慣習を利用して、これらの民間宗教者・芸能者らは、宿泊させてもらった家で行なう祈禱・占いのついでに、一向宗の信仰に誘ったのである。

このようにしていったん入信すれば、信者たちは本尊を保持する家を中心に講《こう》を結成し、念仏修行を行なうようになる。この講を中心とする信者の活動は、本願寺門徒の活動形態とほとんど変わらない。だから薩摩藩としては、この本尊持の一向宗徒を摘発することが急務となるわけで、これを訴え出た者は同類であっても処罰を免除し、自ら本尊を差し出した者も同様であると布告している。

近世薩摩のこのような実態は、じつは戦国時代もほとんど変わらない。やはり一向宗を禁止した肥後国相良《さがら》氏は、その分国法「相良氏法度」のなかで、よそからやってくる神官《しんかん》や山伏や陰陽師《おんみようじ》（占い）に宿を貸してはならないし、祈禱を頼んでもいけない、一向宗のはびこる原因になるから、と述べている。また素人《しろうと》の医者や祈禱師はみな一向宗と心得るべきだ、と述べ、警戒心を露《あらわ》にしている。

さらに、このような見方を裏付ける証言は、まったく別のところからもみられる。当時日本にやってきていたイエズス会宣教師のものである。ルイス・フロイスは、その著書『日欧文化比較』のなかで「妖術者《ようじゅつ》はわれわれの間では罰せられ制裁を受ける。一向宗の坊主と山伏とは自分たちが妖術者であるために、それによろこびを感じている」と記している。山伏と一向宗を同類とみる見解は期せずして「相良氏法度」と一致する。

戦国時代の一向宗徒が山伏・下級神官・占い師・巫女・廻国聖《かいこくひじり》などの宗教者、琵琶法師など漂泊の芸能民を含んだものであることが明らかになった。阿弥陀一仏を信じて、その他の呪術などを雑行雑修《ぞうぎょうざつしゅ》として退ける真宗のイメージとはほど遠い、治病や現世利益などをこととする、素朴でどろどろした信心が一向宗の素顔なのである。

じつは親鸞の時代から、真宗門徒には山伏の前身をもつものが目に付く。まずは、親鸞を殺害せんと付け狙いながら、対面した際に改心し帰依したもと山伏の明法房《みょうほうぼう》がいる。また、親鸞の子息でありながら親鸞から義絶《ぎぜつ》された善鸞《ぜんらん》は、その後も依然関東門徒の指導者として活動し、覚如《かくにょ》の『慕帰絵《ぼきえ》』のなかで病んだ覚如に護符《ごふ》を飲むことを勧める呪術《じゅじゅつ》者として登場している。覚如と本願寺住持の地位を争った親鸞の孫唯善《ゆいぜん》は、もと山伏であり、『歎異鈔《たんにしょう》』で著名な河和田《かわだ》の唯円《ゆいえん》に帰依した。佐藤正英氏の推定によれば、その唯円は吉野・熊野の山伏ではなかったかという。

このような山伏の門徒は、戦国時代にも存在した。蓮如の遺言に従って、その子供たちが教団の掟として定めた「兄弟中申定条々」には「一流中において病人のため加持《かじ》・祈禱、あるべからざる次第なり、堅く停止《ちょうじ》すべき事」の一条がある。病人に加持・祈禱を行なう門徒が、わざわざ掟を定めて取り締る必要があるほど存在したことを窺わせる。

蓮如の『御文』の影響を受けたとされる真宗門徒の掟『九十箇条制法』にも、病人の祈禱が取り締りの対象とされている。すなわち、本願寺教団のなかでは、念仏によって病人を祈ることが方々で流行《はや》っているとのことだが、これは親鸞の掟とは縁もゆかりもないうえ、たいへん宜しくない。他宗からの流儀のようである、と記されているのである。

戦国時代の本願寺教団のなかにも、親鸞や蓮如の教義とはうらはらに、これらの民衆的一向宗が無視できない割合を占めていたことは明らかであろう。

本願寺と琵琶法師

さらに本願寺教団には、やはり一向宗の同類とみなされた、平家琵琶を奏する琵琶法師が相当程度かかわっていた。まず宗主蓮如の時代、報恩寺の僧蓮証《れんしょう》とともに、蓮如から勤行《ごんぎょう》のとき袴《はかま》をはくことを許された竹一検校《けんぎょう》が目に付く。竹一検校は、本願寺における年中仏事の最大のものである、親鸞の祥月命《しょうつき》日の仏事である報恩講の最後の晩に、平家物語を語ることになっていた。おそらく門徒だったのだろう。

また、蓮如が死期を自覚して山科《やましな》本願寺に移ったとき、子息たちとともに対面を許された城菊検校がいる。城菊検校は、歴史に詳しい琵琶法師として和泉国堺の海会寺に、禅僧季弘大叔《きこうだいしゆく》をしばしば訪問している。高野山《こうやさん》に参詣するなど、その信仰はかなり幅広いものであることが窺える。

さらに十六世紀中葉の天文年間には、宗主証如の日記もあって、本願寺と琵琶法師との交流がより詳細にわかる。寺内には城入座頭が居住している。本願寺の家臣と喧嘩《けんか》をしたり、自身の召使いが火事を出して成敗を受けるなど、トラブルはあるものの、証如ら本願寺一族の宴席にも列席するなど、交流は密接である。そのうえ、城入が座頭《ざとう》から勾当《こうとう》に昇格するときに当道座《とうどうざ》（琵琶法師の座）に納入する礼金を、本願寺が出資してやっているほどである。

つぎに、やはり報恩講《ほうおんこう》の最後の晩に平家を語る役目を勤めた福一検校がいる。報恩講が終わったあとに行なわれる証如はじめ本願寺一族の精進《しょうじん》ほどきにも列席し、毎年正月初めの、家老下間氏のもとで行なわれる本願寺一族の宴席にも出席している。天文十三（一五四四）年死去したとき、当道座の計らいによって福一の遺品のうち、日ごろ使っていた琵琶が本願寺に寄進された。もともと生前、本願寺が福一に下賜《かし》したものだったからである。これだけの深いかかわりをもっていた福一はおそらく門徒であったと思われる。

さらに門徒であることの明らかな祐一勾当が登場する。彼は傾城《けいせい》（遊女）を「盗んだ」（男女関係を結んで連れ去った）ことによって、門徒団から追放されていた。にもかかわらず、細川晴元の武将木沢長政が目をかけている者ということで証如に対面し、盃を受けている。福一や祐一のような門徒の琵琶法師は、他にもかなりいたのであろう。

さて、この他にも当道座の「惣検校」を名乗っていた祥一検校がいる。天文五年の乱で自身の宿所が焼けたので、本願寺に「扶持《ふち》」してくれるよう、証如の母慶寿院《きょうじゅいん》を通じて頼みこんでいる。証如は、祥一検校をおろそかに思うようなことはないけれども、当方も戦乱直後で不如意であり、「扶持」はできないと、このときは断っている。しかし、その後もたびたび本願寺に姿を現わし、証如はそのたびに「土産《みやげ》」などの名目で金銭を与えている。

彼らの他にも、基一検校・城喜・城作・城木・順一検校・乗一検校などの名がみえる。

以上みてきた琵琶法師のすべてが門徒であったとは思われない。しかし、門徒でないにしろ、彼らは本願寺に頻繁に出入りしている。また本願寺が、しばしば彼らに与える金銭は、単に平家語りの代価としての禄《ろく》（演技に与える報酬）とだけはいえないように思われる。本願寺と、一向宗の同類とみなされた琵琶法師との密接なかかわりが窺えよう。

妖術師の力

近世薩摩で一向宗の同類とみられてきた者のうち、山伏など加持・祈禱を通じて治病などを行なう民間宗教者、それに平家琵琶法師は戦国時代の本願寺教団のなかにも見い出される。近世薩摩における一向宗の実態は、大筋として戦国時代の一向宗にも当てはまると思われる。それにしても、加持・祈禱を行なう山伏などの民間宗教者や平家琵琶法師、さらには神官・占い師・巫女・廻国聖らが、等しく一向宗の同類とみなされるのはなぜなのだろうか。想像の域を出ないにしろ、一応は推理を試みたい。

まずはイエズス会宣教師の、一向宗の僧侶も山伏も等しく「妖術《ようじゅつ》」を用いる、という証言を手がかりにしよう。宣教師たちの報告のなかの妖術師は、降霊《こうれい》術を行なう者たちなのである。

たとえば治病を行なったり、あるいは紛失物の所在を占う「妖術師」がみえる。「悪魔を少年の体内に入らしめ、悪魔乗移りたる後」紛失物の所在を尋ねると、ガスパル・ビレラは記しており、憑依《ひょうい》による降霊を行なう者といえよう。

ところがいっぽう、ルイス・フロイスは山伏について同様のことを述べている。山伏は、紛失物を探す場合に祈禱をする。そのやり方は、小児を前において、悪魔がその体内に入ったあとにその所在を尋ねるというのである。

他に、ある母親に頼まれて、その死んだ子が果たして死後の救いに与ったかどうかを占う巫女の降霊術も記されている。イエズス会宣教師オルガンチノが「悪魔は彼に乗移りて」その子が救われたことを託宣《たくせん》したと記しているので、自身に死霊を憑依させる霊媒《れいばい》のような者であったのだろう。

いずれも憑依による降霊によって、占いを行なう存在であることは共通している。彼らが、霊魂をあやつり、霊界との交信によって現世の問題を解決する存在として、民衆に受け入れられていたことは想像にかたくない。フロイスが一向宗を妖術者とよんだのは、一向宗の僧侶を霊魂や霊界とかかわる霊能者とみていたからであろう。もちろん布教については彼の商売敵だったフロイスは、悪魔のしわざを行なう者としかいわないけれども。

当時の日本で山伏は、たしかに霊能者と考えられていた。たとえば『太平記《たいへいき》』には討死した結城《ゆうき》宗広の、地獄でのありさまを、宗広ゆかりの律僧《りつそう》にみせる山伏が登場する。山伏から入道の最期を知らされた律僧は、奥州の子息のもとに行き、これを知らせたところ、後日果たせるかな飛脚が父の戦死を知らせたという。同じく『太平記』に、雲景《うんけい》という山伏に、霊界で崇徳院《すとくいん》以下亡霊の天皇たちや、源為朝《ためとも》の亡霊、また高僧の亡霊が天下の乱を起こそうと画策しているさまをみせる山伏も登場する。これもまた、後日起きた観応の擾乱《じょうらん》を知らせる前ぶれであった。霊能者としての山伏のイメージは中世ではなじみ深いものであった。

『平家物語』の語り自体に、合戦で死んだ怨霊を鎮める意図が込められていた、と五味文彦氏は指摘している。氏によれば琵琶法師が人びとに語った「史」は、それを見聞きした人びとが怨霊や死者の廻向《えこう》をするよう勧めるものと考えられていた。彼らが盲目であったゆえに常人とは異なる能力をもっていたと考えられ、神仏の言葉を聞き分ける力をもっていると考えられていた、という山路興造氏の指摘もある。琵琶法師もまた、霊界の事情に通じた霊能者とみなされていたと考えることができよう。

一向宗の霊能

だが、果たして一向宗は霊界や霊能者と何かかかわりがあったのだろうか。ここで想起されるのは、つぎのような蓮如の伝説である。

あるとき蓮如が、京都山科本願寺にほど近い山科郷内の音羽《おとわ》にある、音羽坊の庭に井戸を掘ろうと思い、河原者《かわらもの》を呼び寄せて井戸を掘らせた。二、三日の間に三丈ほども掘ったが水は出ない。蓮如は、なおも掘るように河原者たちに命じた。

河原者たちは、ここには水脈はない、三丈も掘って潤いさえないのに水が出るはずはない、と難色をしめした。そのうえ在所の乙名《おとな》とおぼしき住民が、そもそもここは昔から水が出ず、もっぱら河川の水を利用してきた場所である、と蓮如に告げた。彼らは、その昔、けちんぼの女が行基《ぎようき》菩薩に水を呑まさなかったために、その怒りによって呪いがかかり、それ以来この在所で水は出ないのだ、と故事を引いて説明した。そして、井戸が必要なら別の場所を掘ったらどうか、と申し添えた。

これに対して蓮如は、自分自身は行基菩薩と仲がよく、いさかいをしたこともないから、水も出ないはずがない、ただ掘るべし、と命じた。そうこうして里人の冷笑のなかで井戸掘りが進行するうちに、突如、清らかな冷水がほとばしり、あとからあとから湧くように出てきたのである。在所の人びとはその奇跡に驚き、ほとんどの者が、行基菩薩と仲のよいというのも真のことであったと信じて、蓮如に帰依したという（『拾塵記』）。

霊能者蓮如の姿を伝える伝説は他にもある。琵琶湖に浮かぶ沖島にある西福寺の寺伝によれば、文明年間、蓮如が島に立ち寄った際、島民重右衛門の亡妻の霊を済度《さいど》したことがある。

産褥で死んだ妻は、子供への思いから、毎夜亡霊となって現われた。蓮如は「悪業の報いで称名念仏もままならない」と歎く亡霊に手づから六字名号を書き与えたところ、亡霊は喜んで虚空へ飛び去った。翌晩夫に成仏できた旨を告げ、子供のために六字名号を残して去っていったという。重右衛門は蓮如に帰依して自ら僧侶となり、自宅を道場とした。これが西福寺の前身であるという。

亡霊を済度する蓮如の姿は、まさに人びとが一向宗に期待したものの投影といえよう。同じような話は、時宗にもある。時衆の徒を率いて遊行《ゆぎょう》を続けていた一遍は、因幡《いなば》国にいながら、鎌倉で起こった霜月《しもつき》騒動で安達泰盛が平頼綱に滅ぼされるのがわかったという。また応永二十一（一四一四）年に、第一四代の遊行上人太空《たいくう》が加賀国篠原で、源平の争乱で討死した斉藤別当実盛《さねもり》の亡霊を済度したという噂が広がった。この話は、世阿弥《ぜあみ》によってとりあげられ、謡曲『実盛』に作品化されたことは有名である。その『実盛』では、遊行上人は一般の信者には決してみえない実盛の亡霊と、会話を交わす霊能者として描かれている。

真宗の蓮如、時宗の一遍・遊行上人と、等しく一向宗徒から崇敬を集めた宗教者が、霊能者の姿で伝えられていることは注目されよう。一向宗に帰依した人びとが、一向宗徒にまさしくその霊能を期待したことをしめしていると考えられるからである。蓮如や一遍の側で好むと好まざるとにかかわらず、信者の求めるものはこのようなものだった。そして、民衆の期待の強さに比例して一向宗の勢力は強まり、それが支配者の警戒を招いたと考えることができよう。

一向宗の教団

これまでの研究では、一向宗を支配者が警戒し、場合によっては弾圧を加えた理由を、もっぱら親鸞という開祖の教義の革新性や、中世の支配的な仏教的観念に比しての異端性に求めてきた。だが、戦国期の一向宗に関するかぎり、このような説明は適切とはいいがたい。

戦国大名など支配者が恐れたのは、一向宗の素朴で土俗的な、その分だけ民衆になじみ深い法力《ほうりき》（反対に支配者からみれば、その分だけいかがわしい呪力）に民衆が寄せた期待の大きさである。一向宗は、呪術的な宗教観念と隔絶した合理性をもっていたがゆえに恐れられたのではない。呪術的であり、密教的でありすぎたがゆえに恐れられたのである。このように、素朴で土俗的な一向宗徒を大量に組織しえたところに、本願寺教団の特質があった。少なくとも当時の支配者からみた本願寺は、このような一向宗徒の頭目であった。

なぜ本願寺に、このような一向宗徒が結集したのだろうか。この点についてはもはや推測の域を出ず、これからの研究に待つ他ない。しかし、さきの「一揆ことごとく起こる」

のなかでみたように、親鸞の血筋が本願寺教団を結束させるうえで、大きな力を発揮していることをみれば、一向宗徒を結集させえた力もこれである、と見当をつけることはたやすい。代々親鸞の血筋を引いた公家一族である本願寺が、たとえば蓮如の北陸滞在の間に、門徒たちの間で別格扱いを受けたことは『御文《おふみ》』からも窺われる通りである。

蓮如の伝道によって結集した多くの一向宗徒は、必ずしも親鸞の説いた真宗の教義を理解した者たちだけだったわけではない。蓮如が、最近は五人の者が仏法を説けば、五人それぞれにちがうような、まちまちな教化活動がはびこっていると嘆いているのは、教義を知らない一向宗の活動に対してのものと考えられる。また「聖道《しようどう》（天台《てんだい》・真言《しんごん》など平安仏教を指す）の果て」「禅僧の果て」が、勝手に自身の生半可な教学によって、人びとを騙《だま》していることを非難しているのも同じ事情であろう。だが、蓮如に帰依し、親鸞の血筋の権威を慕う一向宗徒は続々と結集していったと思われる。

こうして、支配者からは危険な宗教者として警戒され、いっぽうでは民衆の信心に最も密着した一向宗徒を組織した一大教団が成立した。この教団は、支配者側からいって警戒の対象であると同時に、本願寺との関係如何では、民衆の信心を管理する際にも大きな力を発揮する、いわば両刃の剣である。本願寺からいえば、諸大名の警戒と野心のなかで、教団を維持していくために有力な外護者を得なくてはならず、その外護者をめぐる政治情勢には、いやがうえにも敏感にならざるを得ない。外護者との関係から、本山存続のために一向一揆が発動されることになるのである。

門徒の蜂起

浅井・朝倉の滅亡

山門の参戦

さて、あらためてここで元亀元（一五七〇）年九月、本願寺が織田信長に宣戦布告した時点へと戻ることにしよう。前述のように、本願寺の挙兵は浅井・朝倉とも申し合わせたものであった。彼らは信長の虚をついて南近江に出兵し、二十日に宇佐山城を攻略し、守将織田信治《のぶはる》をはじめ、森可成《よしなり》を討死させた。さらに浅井長政らは坂本に陣をとり、山城国を窺い、山科・醍醐などに放火した。

はさみ討ちにあった格好になった足利義昭と信長は、政治交渉によって劣勢を挽回すべく、正親町《おおぎまち》天皇に働きかけて本願寺へ勅書《ちょくしょ》を出すよう依頼した。これを受けて、朝廷では山科言継《ときつぐ》と柳原淳光という二人の公家を勅使として、義昭の陣中に本願寺宛に勅書を送る

11 延暦寺

よう決定した。将軍も信長も「天下静謐《せいひつ》」（平和の実現）のために出陣しているのに、本願寺が一揆を起こして敵対するとはまことによろしくない、ただちに停戦せよ、というのが、送られるはずの勅書の内容だった。だが、結局これは送られずじまいになった。浅井・朝倉勢はすでに坂本まで進出しており、勅書を送るような猶予はなかったのである。

信長は急遽軍を返し、九月二十四日に下《しも》坂本《さかもと》に進出した。朝倉勢は比叡山《ひえいざん》に上り、様子を窺っている。『信長公記《しんちょうこうき》』によれば、信長は山僧をよんでつぎのような条件を提示して交渉を行なったという。

今度、信長に味方して、忠節を尽くすな

らば信長の分国中にある山門《さんもん》領はすべて元の通りに返還しよう。またもし、一方にのみ加勢して戦うということが出家の身分としてできかねるというなら、いずれにもつかない傍観者の立場を守ってほしい。いずれもいうことがきけないというなら根本中堂《こんぽんちゅうどう》・山王二十一社をはじめ、山門をことごとく焼き払うであろう、と。

山僧らは諾否を明らかにせず、陰に浅井・朝倉の味方をし、さらには僧侶の身分をわきまえずに魚鳥を食らい、女を山に入れるなど悪逆のかぎりを尽くした、と『信長公記』は記している。もちろん、つぎの巻で叙述すべき、元亀二年の山門焼討のための伏線である。史実を伝えているか否かはともかく、焼討についての信長側の言い分を、ものの見事に表現している。陰にまわって浅井・朝倉に贔屓《ひいき》するような行動をとる山門僧侶が、出家として失格であること、単に信長に敵対したか否かよりも、この点こそが信長側からのアピールだったのである。このことは、あとにみられる一向一揆に対して行なった「虐殺《ぎゃくさつ》」ともかかわってくることであり、つぎの「長島の虐殺」で詳述したい。

いっぽう、山門側にとっては、信長とことを構えることは所領回復のため必須のことだった。天文五（一五三六）年、六角定頼が守護《しゅご》の時代に、日蓮《にちれん》衆退治を行なった際、「山」（山門）と「国」（守護）との取り決めが行なわれ、山門はその所領を保障されていた（『六角氏式目』）。六角氏が信長によって近江国守護の地位を追われることは、山門が六角氏への忠節によって勝ちえた所領を根こそぎ剝奪されることを意味したのである。

信長が六角氏を近江から追放した翌年、山門がただちに朝廷に所領の返還を求めて訴訟したのは、このような理由からである。この訴訟によって、従来の所領と地位を果たして回復できたか否か、山門が浅井・朝倉に味方したことはその事情を暗示している。

反信長勢力の蜂起

山門と浅井・朝倉氏とが結託して信長と対峙する一方、十月ごろ信長に追われた前守護の六角承禎父子が蜂起して、三雲・菩提寺の城まで進出した。信長の本拠地尾張・美濃から木下藤吉郎秀吉・丹羽《にわ》長秀が救援に向かうと、本願寺門徒がそのゆくてを遮《さえぎ》るべく蜂起した。『信長公記』によれば、本願寺門徒は蜂起したけれども、何分「百姓」らの蜂起であるので、木下・丹羽らにとっては「物の数にて員ならず」というありさまだった。両人はたちまち「一揆」どもを切り捨てて阻止線を突破し、瀬田に到着して信長のもとに参陣したという。

六角氏に呼応した本願寺門徒を「百姓」「一揆」とよび、物の数ではないと対抗意識を剝き出しにしているが、本願寺門徒の一揆は「百姓」一揆にすぎなかったわけではない。この点はあとで詳しく検討したいが、結論的にいうと、この「百姓」という呼称は本願寺門徒の実態を表す言葉なのではない（現実には侍身分の門徒も多かった）。彼らの「一揆」とよばれるような、ある種の戦い方に関連した言葉と考えられる。ここでいう「百姓」「一揆」に対する織田軍の対応はきわめて厳しいものがあった。物の数ではないはずの「一揆」に、なぜそれほど厳しい対応が必要だったのか。この点は、あとの「越前の殲滅」のところで検討したい。

いっぽう、大坂方面に目をやると、十月になり、四国から篠原長房らが阿波・讃岐《さぬき》の兵を率いて、三人衆救援のため摂津国中島に到達した。顕如《けんによ》はただちにこれと盟約を結んでいる。これに力を得た三好三人衆は、河内国高屋城の畠山昭高を攻め、さらに山城国へ進出して、御牧城を脅かすにいたった。このころ、京都西郊外の西岡では土一揆が徳政《とくせい》を求めて蜂起、幕府はこれに押されて徳政令を発した。

さらに、信長の本拠地に近い伊勢国長島では十一月、本願寺一族の寺院である願証寺を中心とした一向一揆が蜂起した。彼らは、尾張国小木江城に、伊勢湾の補給路を確保するために駐屯していた信長の弟信興《のぶおき》を攻めて自殺させてしまった。信長にとっては本国との補給路が脅かされたわけであり、戦況はようやく困難になっていった。

いっぽう、このころ三好三人衆・篠原長房、それに六角承禎父子は信長と和睦するにいたった。残るところは浅井・朝倉だけであるが、十一月末になって、堅田の砦を守っていた信長方の武将坂井政尚らが浅井・朝倉の包囲攻撃を受けて討死してしまった。さすがの信長もこれには大打撃を受けたらしく、朝廷・幕府に停戦の調停を依頼した。

信長の譲歩

ただちに正親町天皇の命を受けた足利義昭と関白二条晴良が近江に下った。二人が信長・朝倉義景の両者を説得し、両者ともに天皇の命を受諾《じゅだく》する、という形をとって十二月、和睦が成立した。信長側劣勢のなかで取り決められた和平であり、信長方にとっては相当に屈辱的なものであったようである。

近年、奥野高広氏によって紹介された、信長と浅井長政との和睦の取り決めを伝える史料（大津市歴史博物館所蔵）によって両者の和平の実態をさぐってみよう。

五ヵ条からなる取り決めの第一条は、両者の間によからぬ噂が立った場合には本音を打ち明け合い、起請文《きしょうもん》を取り交わしたうえで相談をすることを、また第二条は、近江と美濃との国境に、お互いに防備をしないことを取り決めている。

第三条は、朝廷は「神国の要《かなめ》」であるから、忠節を尽くすべきことは改めて記すまでもない、というものである。はなはだ漠然としているが、この和平が成立したときに出された正親町天皇の綸旨《りんじ》が、解読の手がかりとなる。ここに「殊に山門領先規のごとく相違あるべからざるの段、しかしながら宝祚《ほうそ》平安（天子の位が安泰であること）の基」との一文が記されていることをみれば、「朝家《ちょうけ》の御事」すなわち朝廷の意向が、比叡山の権利回復を指すことは明らかであろう。比叡山は、従来の権利を主張して天皇を動かし、さらに浅井・朝倉の軍事力を利用して六角時代の権利を認めさせたのである。

第四条は、将軍の政治に何か不都合なことがあった場合には、お互いに相談して「天下万民のために」しかるべく処置しよう、というものである。将軍とは、信長自身が擁立した足利義昭に他ならず、その将軍の政治の不都合とは、信長自身の政治の不都合ということである。互いに相談するとは、浅井氏が信長のやり方にいちいち口出しすることなのである。

第五条は、最も決定的に信長の譲歩をしめすものである。すなわち公家や門跡《もんぜき》にかかわる政治向きのことについては、近江の浅井氏が計らうことを認める、というものである。

以上の内容は、どうみてもこの和平が、信長方の敗色濃い中で浅井・朝倉、そして比叡山に大幅に譲歩しつつ成立したものであることを物語っている。このような点は、たとえば『三河《みかわ》物語』には、信長が「天下は朝倉殿持給い、我は二度と望みなし」と起請文を書いて和平を結び、岐阜へ引き上げたと記していることからも窺える。

また『武徳編年集成《ぶとくへんねんしゅうせい》』は、凱旋《がいせん》する浅井・朝倉の軍勢をみて、人びとが信長の術中に陥ったといって嘲笑《ちょうしょう》を浴びせたと記している。さらに信長自身も「今度の和睦は庚申の夜の俗歌と思うがよい」と述べたが、その心は「和睦してせぬが如き」であるから、というのが『武徳編年集成』の記述である。ようするに、浅井・朝倉は和睦する必要はなかったのに矛を収め、死に体だった信長が息を吹き返したのである。

かくして、元亀元（一五七〇）年は和睦によって暮れた。だが、九月に戦端を開いた本願寺はその後どうしたのだろう。本願寺と信長とが和睦したことを伝える史料はない。もっとも和睦の動きがあったことをしめす史料はある。十月末に本願寺に対し、その本所《ほんじょ》である青蓮院《しょうれんいん》が、和平を促しており、顕如もこれより返事を申し上げるべき旨慇懃《いんぎん》に回答している。だが、和平にいたったという証拠は何もない。

いっぽう、織田信興を殺害した伊勢長島の一向一揆に対して、信長が攻撃を加えたのは翌二年五月、浅井との和平が破れ、浅井側が攻撃を仕掛けてきたあとだった。自身の分国における本願寺門徒の反乱を半年近く放っておいたことを思えば、和平が行なわれたかどうかはともかく、事実上の休戦期間があったものとみたい。

「和睦してせぬが如き」信長は、決して戦闘体制を緩めなかった。すでに元亀二年の正月、近江横山城にある木下藤吉郎秀吉に、越前より大坂への商人の通行を将軍の名において禁止させている。*大坂本願寺と越前との連絡を遮断しようというわけである。さらに浅井領国内で工作を進め、二月には浅井方の武将である佐和山城の磯野員昌を味方につけ、丹羽長秀を佐和山城に入れて守らせた。

このような工作が浅井方を刺激したことは当然であり、五月、浅井長政は織田方の堀秀村の守る鎌刃《かまは》城に軍勢を差し向けた。このおりに、湖北十ヵ寺とよばれる本願寺末の坊主衆も、門徒を率いて浅井の軍勢に参陣したと『浅井三代記』は伝えている。この戦いは、秀吉の奮戦によって織田方の勝利に終わった。同じころ草津・瀬田・守山・浮気・勝部・高野・金勝・甲賀といった南近江の一帯で、六角氏方に立った本願寺門徒の大規模な一揆が起こったと『金森日記秡《かねがもりにつきばつ》』は伝えている。

いっぽう、やはり同じころ信長は、伊勢長島を攻撃するために尾張国津島に出陣した。しかし一向一揆の、ゲリラ戦ともいうべきしたたかな抵抗にあい、家臣の氏家卜全《うじいえぼくぜん》ら数名を討死させ、柴田勝家は負傷するなどの被害を被り、撤退した。八月、湖北の浅井氏領内に進軍して余吾・木本まで放火し、一転、丹羽長秀の守る佐和山城に入り、そこから南近

山門焼討

江の小川・志村・金森といった一揆の拠点を攻略して陥落させた。そして九月十二日、有名な比叡山焼討を断行した。

『信長公記』によれば、焼討の理由は「御憤を散ぜらるべきため」すなわち報復・制裁である。単に彼らが浅井・朝倉に加担して、自身を攻撃したことに対する報復ではない。「行体行法、出家の作法にも拘らず、天下の嘲弄《ちょうろう》をも恥じず、天道の恐をも顧みず、婬《いん》乱《らん》・魚鳥を服用せしめ、金銀賄に耽《ふけ》り」という出家失格者が自身に加えた攻撃に対する報復・制裁である。さらにいうならば、出家失格者に対して行なう報復・制裁としては、焼討のような皆殺しが相当である、というのが信長の言い分なのである。

これまでの研究で、織田側のこの言い分が俎上《そじょう》に載せられたことはない。旧勢力に対する徹底した闘争とか、近江に多くの所領をもつ荘園領主の解体とか、山門焼討は曖昧《あいまい》な形で信長の革新的施策の一つに加えられてきた。だが、これほどはっきり報復と記されていることに、そもそも注目すべきであろう。

焼討の事情

山門を荘園領主の、中世的仏教勢力のと規定すること自体、あまり当を得たものとはいえない。たとえば、駒井（兵庫介）秀国という山徒がいる。号を月性院といい、山徒一八人の第一と伝え、『駒井系図』によれば、近江国栗太《くりた》郡駒井荘集村に城を構え知行三万石の身代をもっており、信長と戦ったと伝えられる。

いっぽう、元亀三（一五七二）年の近江国金森の戦いの際、後述するように信長は一向一揆の立て籠る三宅・金森に内通しないよう、南近江一帯の村々から起請文を徴収した。現在、一部残されている起請文のなかに駒井荘集村のものがあり、そこに集村惣代として起請文に署名した村の代表のなかに、駒井兵庫介の名がたしかにみえる。『駒井系図』によれば、秀国の子直方は武士として武田信玄に仕えたという。また、駒井兵庫介秀国の娘は、『上鈎《かみまがり》永正寺系図』によれば、栗太郡上鈎村永正寺という本願寺末寺の住職了心《りょうしん》に嫁いだという。

駒井氏のように、惣村の代表者格の地侍《じざむらい》であり、一族から大名に仕える武士が出、また一向一揆にかかわる本願寺派寺院とも姻戚関係をもつ、という階層の者は、山徒のなかに少なくなかったと思われる。そして、山門勢力を末端で支えていたのは、この地侍層から出た山徒だと考えられよう。村の指導者である地侍たちは、ほんの少しの運命のちがいで山徒にもなり、大名に仕官《しかん》する侍にもなり、あるいは一向一揆に参加することにもなったのである。

戦国時代の山門勢力の一端でもあり、一方で大名の軍勢の下級武士を出す階層でもあり、また一方で一向一揆のおそらく中心的勢力ともなる、この地侍層は無視できないだろう。それは、この時代の在地社会を主導する階層であり、「下剋上」の主役でもあった。そうなれば、山門を中世的寺院勢力だの荘園領主勢力だのと考えることは、あまりにも表面的な見方といわざるをえない。

信長が焼討したのは、旧勢力の撲滅を意図したからではない。出家失格の山門僧侶に対する報復であり制裁だった。信長からみて、山門の行為は社会的ルール違反なのである。そして、山門に対するこのような見方は、信長個人のものとはいえない。『当代記《とうだいき》』は、やはり「近年大師（最澄）の掟に背き衆徒乱行す、殊には去年越前衆出陣のころ、伽藍《がらん》仏前において魚鳥を服用し、男女攀《よ》じ登り、﨟次《ろうじ》を乱すの間、自業自果の道理か」と記している。山門に対するこのような評価は、一定の社会性をもったものだったと考えられる。

ところで、この焼討においては、出家失格を宣告された山僧や稚児《ちご》、山王社の神官たちのみならず、戦乱を避けて比叡山に逃れていた坂本の町民もまた皆殺しにされた。これは報復・制裁としてはあまりにも不当な虐殺ではないか、と誰しも思うところであろう。

だが、この非戦闘員の虐殺も信長の政治的なもくろみだった、と筆者は考えている。この皆殺しは制裁であるとともに、じつは、戦火を逃れて山門に避難した当の民衆にとってのアピールでもあったのではないか。山門が民衆を保護する領主として失格であること、まったく頼りにならないことを天下に宣伝し、その顔に泥を塗ること、これが信長の制裁の意味だったと考えられるのである。この点はつぎの「長島の虐殺」のなかで詳しく述べたい。

石山合戦の過程で、織田信長はしばしば、ある種の社会的ルール違反と自ら判定したものに対して「虐殺」「殲滅」を試みている。そしてその対象は、僧侶や「百姓」だけでなく武士にも及んでいる。この「虐殺」「殲滅」は、信長の軍事行動を読み解いていくうえでも、対する一向一揆を考えていくうえでも重要な手がかりであり、このあとの過程においても気を付けてみていきたい。

三宅・金森の戦い

元亀三（一五七二）年正月、六角承禎・義治父子は、一向一揆の僧侶と結んで近江国三宅・金森の城に立て籠った。三宅・金森は、琵琶湖畔の志那《しな》から守山へいたる街道の途中に、手をつなぐように隣り合ってならんだ村である。ともに石山合戦を遡ること一〇〇年以上前、蓮如の教化を受けて以来、本願寺門徒の強い影響のもとにあった場所である。とくに金森では元亀元年、本願寺と信長との開戦とともに、本願寺家臣の川那辺《かわなべ》秀政が派遣され、門徒武士、「豪勇の坊主衆」が立て籠ったという（『金森日記秡』）。

元亀二年の、信長の近江侵攻のときにも籠城して戦い、ついに敗れて九月初めに開城したが、信長は降参の申出を受け入れて赦免《しゃめん》し、「南方表」へ従軍するように指示したと『信長公記』は記している。『当代記』も「金森城主、則ち幕下《ばっか》に属し参陣」と同様の趣旨を記している。一向一揆に対して、ともすれば目立つ「虐殺」「殲滅」だのではなく、このような通常の戦闘におけるのと同様の作法をとっていることに注意したい。信長は一向一揆だから「虐殺」「殲滅」を行なったというわけではないのである。

そして、さらに三年正月に、今度はまた六角氏と組んで蜂起したわけである。信長は、近隣の諸村に三宅・金森へ内通すべからざることを記した起請文《きしょうもん》を提出させた。起請文とは、誓約を遵守すること、違反した場合には神罰《しんばつ》を自身が蒙るべきことを誓約する文書であるが、これは通常、具体的な誓約事項を記した前書《まえがき》とよばれる部分と、多数の神を勧請《かんじょう》してその罰を蒙ることを記した神文ないし罰文とよばれる二つの部分からなる。

信長が村々に出させた起請文は、二種類あった。第一は、霊社《りょうしゃ》起請文とよばれる、梵《ぼん》天《てん》・帝釈天《たいしゃくてん》をはじめ、多数の神仏を勧請しその罰を蒙るべきことを記した、いわば神文の部分のみに当たる文書である。第二は、前書に当たる部分、すなわち具体的な誓約内容を記し、それに加えて違反した場合には「わが心に願い奉る御本尊」と「霊社起請文」と双方から罰を蒙る旨を記した文書である。誓約内容は三宅・金森に内通しないこと、内通者をみた場合には家族・親類であっても隠さず注進すること、もし内通者が親類・村から出た場合には親類・村全体が処罰の対象となること、の三つであった。

さらにご丁寧にも、この二通に加えて、去年降参を表明したにもかかわらず再蜂起した以上、三宅・金森の一向一揆には内通しないこと、および上記三事項を遵守することを記した請文《うけぶみ》（承諾書）も差し出された。二通の起請文と請文と、三通一セットの文書が村々から差し出されたのである。

この三通一セットの文書群のなかには、村惣代《そうだい》をはじめ地侍・村の乙名衆数名が署判したものもあり、地侍数名を筆頭に数十名の村民が署名したものもあり、その形式はさまざまである。ただし誓約の内容は、織田方の奉行が提示したひな型をもとに作成されたものと思われ、どの村のものもほぼ同文である。したがって通常の起請文のように、霊社起請文に勧請された神仏に誓約するだけでなく、わざわざ「御本尊」すなわち一向宗の阿弥陀仏にかけても誓約した形式は、織田方の奉行たちの強制によるものであることは明白である。織田側が最も恐れたのは、阿弥陀仏への信心にもとづく蜂起であったことが窺える。

寺内町と周辺村落

七月、三宅・金森は陥落した。江戸時代の絵図をみると、金森は中心に志那街道を通す町場であり、寺内町《じないまち》が形成されていた。その中心は、村民が支える金森惣道場であり、現在も善立寺とその門徒、因宗寺とその門徒に共同で維持されており、金森の信仰の中心になっている。後述するように、織田信長はこの金森に楽市《らくいち》・楽座《らくざ》令を出してその商業活動を保護しており、当時もここは都市的な場であった。このような町が周辺の村々にとって、商品の購入や農産物の売却などのついて重要な場であったことは容易に想像されるが、なおかつ寺内町の金融機能は重要だったと考えられる。

当時の村は地下請《じげうけ》という契約を、領主との間に結んでいるものが多かった。この契約は、毎年領主へ定額の年貢をきちんと納入する代わりに、事実上、村民の自治を容認することを取り決めたものである。このような村にとっては、自治を維持するための要は年貢納入を維持する財源だった。それ以外にも、軍隊が進駐した場合、その乱暴から村を保護するために武将が発給する制札《せいさつ》をもらう必要があったが、その際、多額の制札銭を払わなければならない。このためにも財源が必要だった。

こうした必要を抱えた村民にとって、寺内町で行なわれていた金融は重要なものだった

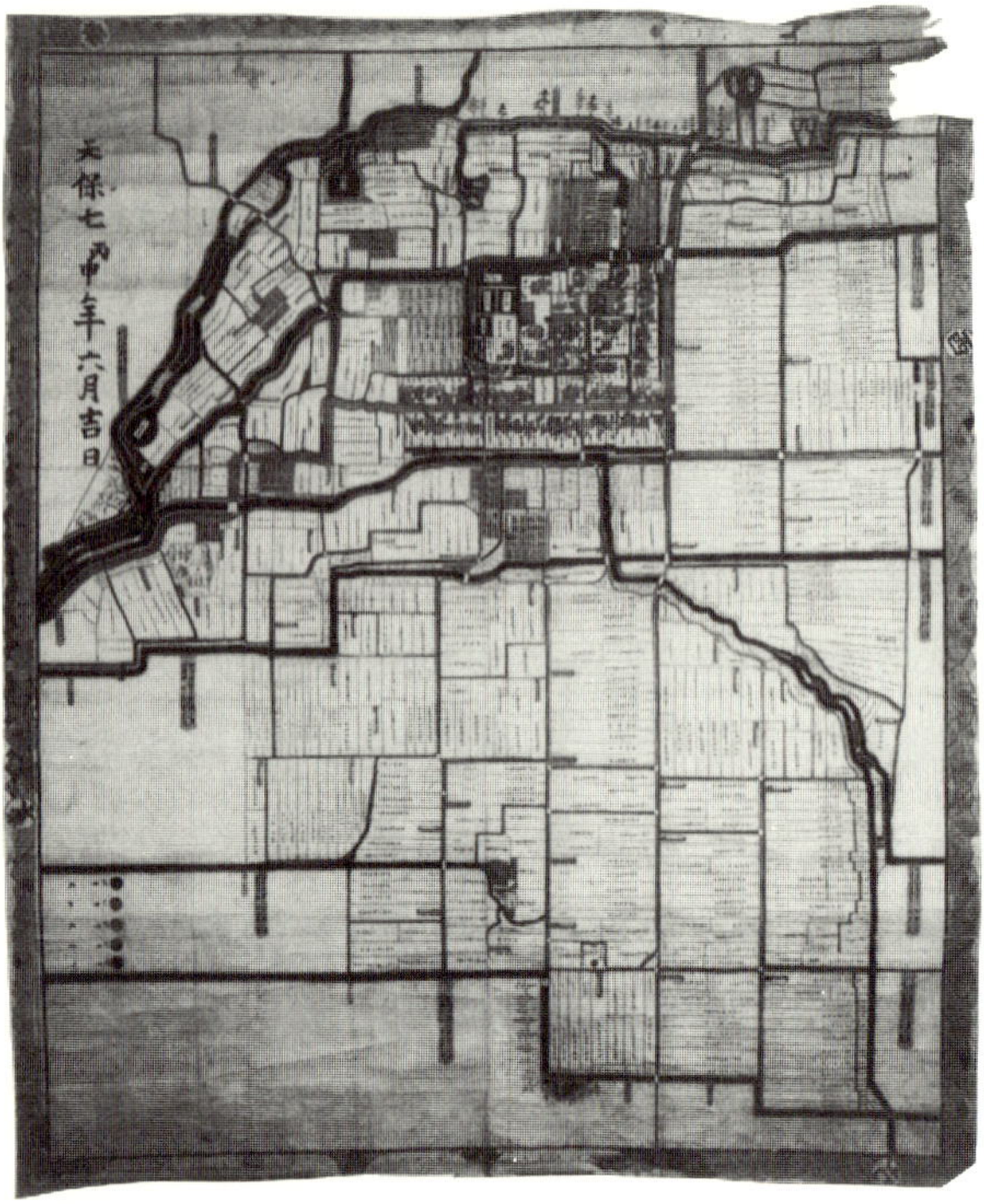

12　金森古絵図（善立寺蔵）

と考えられる。寺内町とのこのような日常的な関係も、信心に加えて一揆への加担を促すものだったように思われる。

金森の陥落後、九月に信長は金森に対して楽市・楽座令を出しており、一向一揆の蜂起とは別に、寺内町の商業・金融活動は保護されたと考えられる。一揆の籠城していた城は、金森惣道場から少し南に離れていたため、町の中心は戦場とならず、また非戦闘員の村民は別扱いだったのであろうが、それにしても、戦乱を避けて比叡山に逃げ登った坂本町民まで皆殺しにした山門焼討とは、相当に異なった対応といえよう。ほとんどが本願寺派信徒であるはずの金森村民を、非戦闘員として一揆とは別に扱った信長の対応は、つぎの「長島の虐殺」でみる伊勢長島一向一揆や、「越前の殲滅」でみる越前一向一揆の場合とも正反対である。

武田信玄の西上

近江国を中心に織田軍と門徒勢との戦いが行われる一方、幕府にとっては致命的な事件が進行していた。元亀三（一五七二）年の初めごろから、足利義昭と信長との関係はしだいに悪化していった。そして、信長が義昭の失政を批判した、有名な一七ヵ条の異見書を上せた九月ごろには、両者の亀裂は決定的なものとなっていったのである。

両者の対立を促進した大きな要素の一つは、義昭が甲斐の武田信玄を起用し、反信長勢力を糾合して、信長包囲網を作っていったことである。八月に、義昭は信玄に命じて信長と本願寺との講和を斡旋させている。ほとんど現実性のない和談の命令は、結果として義昭・信玄、それに本願寺の三者をより強く結び付けたことはまちがいない。いっぽう、信玄と上杉謙信との和睦を勧告した義昭の命を受けた信長は七月、上杉謙信と接触を図っている。しかし、この交渉は結局信玄の策略によって決裂し、信長は信玄と対立して謙信と結んだ。

十月三日、武田信玄は遠江《とおとうみ》に侵攻すべく甲斐府中を出立した。この出馬は、九月下旬には加賀の本願寺門徒のもとに、信玄自身によって報じられ、近江の本願寺門徒も知っており、同じころ越前の朝倉義景も、浅井氏の近江国小谷《おだに》城に支援のため籠城していた。おそらく、これら反信長勢力の連繫のもとに行なわれたものであったと思われる。

信玄は、破竹の勢いで遠江に侵入し、二股《ふたまた》城を攻略するとさらに軍勢の一部を三河に侵入させた。十二月、徳川家康の軍勢を遠江三方原《みかたがはら》で撃破し、浜松城に撤退した徳川勢を尻目に三河に侵入していった。もしこのままの事態が続いたら、情勢はどうなっていたかわからない。しかし、ここで不慮の事態が起こった。

一つは、義景が十二月になって突然帰国したことである。信玄の言葉を借りれば、信長を滅亡寸前まで追い詰めたこれまでの労苦を、水泡に帰せしめるような行為であり、これで反信長包囲網の一角は崩れた。もう一つは、信玄が病に倒れたことである。せっかく三河まで侵入しながら、武田軍は信濃に撤退し、やがて信玄の死去によって、戦況はまったく逆転することになる。

足利義昭との提携

明けて元亀四年の正月、本願寺顕如《けんによ》は朝倉義景に書状を送っている。そこには、武田信玄の遠江・三河侵攻に呼応して、遠江・三河・尾張の門徒が戦っていること、越中では上杉謙信の侵攻を加賀一向一揆が迎え撃っていること、湖北の浅井氏の軍事力はもっぱら門徒の力で支えられていること、などが述べられている。武田といい、浅井といい、本願寺門徒といい、彼らの連携した動きの背後にいるのが足利義昭であることはいうまでもない。

二月十三日、足利義昭は浅井・朝倉・武田らの動きと連携し、信長が岐阜に帰っている機会を狙って光浄院《こうじょういん》暹慶《せんけい》を蜂起させた。暹慶は、本願寺一族の堅田慈敬寺の率いる本願寺門徒を糾合し、石山・今堅田で蜂起した。ここで本願寺は、当初の敵対関係とは逆に、義昭の傘下につくことに存続をかけることとなったのである。そしてこの、義昭と本願寺との提携は、天正八（一五八〇）年閏三月、本願寺が信長と和睦して大坂を去るまで続くことになる。三月七日、義昭は信長側の人質を返し、公然と敵対した。

信長は、一方で塙《はなわ》直政を派遣して義昭に和睦を乞い・他方では柴田勝家、明智光秀を派遣して西近江の一揆を攻略し、石山・今堅田を陥落させた。さらに信長自身、三月二十九日に上洛し、義昭に和睦を乞いつつ、四月三日に洛外の寺院を放火して圧力をかけた。それでも和睦を拒否する義昭に対し、今度は四日に上京を放火し、義昭の二条城を包囲して和睦を迫った。

この焼討に義昭は屈せざるをえなかった。ここで頑張ったら、さらに多くの京都町民が焼き殺されることになる。そして墓穴を掘るのは、焼討をした信長ではなく、自分自身の支持基盤である京都町衆にそっぽを向かれることになる、義昭本人なのである。この点も「長島の虐殺」で詳しく述べるが、この焼討も、山門のそれと同じ性格をもつものであった。義昭は、正親町天皇の和平勧告を受諾する、という形をとって和睦した。

このころ、武田信玄は信濃の陣中で病死していた。義昭にとっては大誤算が生じたわけである。信玄の死はかたく秘匿《ひとく》されていた。だが、六月に義昭は、再挙兵のために兵粮米を毛利輝元に徴している。武田起用から毛利の起用へと作戦の転換が図られたのであり、義昭もこのころ信玄の死に気付いたと思われる。七月、義昭は自ら山城国槇島《まきしま》城を拠点として再挙兵した。信長は、ただちに上京して二条城を攻略して陥落させ、さらに槇島城を攻めて義昭を降伏させた。義昭は人質を出して城を出、三好義継の河内国若江城に入った。

ここで室町幕府は滅亡したと、どの史書にも書かれている。たしかに、のちの時代からみればその通りであろう。しかし当時の人びとが、もはや幕府がこの世からなくなり新たな時代が来た、と思ったかどうかはまったく別問題である。なにしろ十六世紀になってから、将軍が京都からいなくなる、というのはそんなに珍しいことではなかったのである。

足利義材《よしき》は、細川政元に追放されてから一五年後に再度将軍となった。足利義晴は、柳本賢治に京都を追われ、近江へ逃れてから七年後に細川晴元と和睦して京都に戻る。その後、二度京都から出奔《しゅっぽん》してはまた帰洛し、最後に三好長慶の勢力伸長によって近江へ去った。足利義輝は、将軍就任以来三度京都から追われ、四度目に京都に戻っている。

こんな先例をみれば、義昭もいつか信長と敵対する武将に擁せられて戻ってくるかも知れない、という見方の方が現実的だったであろう。

義昭追放後の十一月、信長は岐阜から義昭の子をつれて上京したが、そのときある公家は「大樹（将軍）若公御上洛」と日記に記している（『孝親卿記』）。信長だって、それ以前の三好らと同じように、自身の傀儡《かいらい》となる将軍が必要なのだ、という当時の人びとのなかにあった見方が窺える。とても幕府滅亡どころではない。

新しい時代の到来は、とりあえずにわかに改元を天皇に求めた信長が演出したがっただけである。たしかに、はるかあとの現代からみれば、義昭に未来を託した本願寺、あるいは毛利輝元や上杉謙信は、アナクロニズム以外の何者でもない。しかし、結末を知ってから推理小説を読むようなものの見方では、歴史の真実はみえてこないのではないだろうか。

白天目

八月、浅井長政の武将阿閉《あつじ》淡路守・浅見対馬守らの寝返りによって、信長は大嶽・丁野の二つの城を奪取した。戦況不利とみた朝倉義景は田上山の陣から撤収し逃走したが、信長は追撃し、刀根坂で朝倉軍を潰走させ、敦賀《つるが》に入った。義景は一乗谷《いちじょうだに》に逃げ帰ったが、なぜかこの父祖伝来の本拠地をあっさり放棄して大野に逃れ、一族の朝倉景鏡や平泉寺衆徒の反逆にあって自殺した。八月二十六日、信長は近江国虎御前山に軍を返し、小谷城を囲んだ。翌日、浅井父子は自殺、浅井氏も滅亡した。

いっぽう、義昭に従って蜂起した本願寺門徒ではあったが、上杉謙信のいうように「上意を力に申し」ていたのであり、将軍が京都から追放されたいま、戦況はまったく不利になってしまった。さらに同盟軍であった浅井・朝倉は滅亡した。九月に近江では、六角義治の籠る鯰江城が柴田勝家によって攻略され、義治は降参し、城を捨てて退去した。こうしたなかでも本願寺顕如は依然、義昭の御内書《ごないしょ》に答えて疎意のない旨を表明している。

義昭は毛利氏を頼り、その力によって幕府再興を果たそうと考えた。信長といま、ことを構えたくない毛利氏は、義昭の帰京を実現すべく信長と交渉し、信長も帰京については承知した。しかし、義昭が信長から人質を取るという条件に固執したため和平はならず、義昭は紀伊国由良《ゆら》の興国寺へと落ちていった。ここに本願寺はまったく孤立し、信長に和睦を申し出て、信長も承諾、本願寺は引出物として名茶器白天目《はくてんもく》を送った。

元亀元年の蜂起以来、四年にわたった信長との抗争はここで一段落した。しかし本願寺は、織田政権の下で存続の道を見い出したわけではない。今後、義昭が帰京を企てて蜂起を画策するたびに、本願寺はそのよびかけに応じて蜂起を繰り返すことになる。以下、本願寺の動きを追ってみよう。

＊（一〇〇ページ）　越前より大坂への通行禁止は、元亀三年正月に比定される事件。佐藤圭「北国・大坂通路留を命じた信長朱印状―元亀の争乱の新史料―」（『岐阜史学』八七、一九九四年）参照のこと。

長島の虐殺

越前・大坂の蜂起

天正二（一五七四）年正月、織田軍への寝返りにより、前年越前国守護代《しゅごだい》に任じられていた桂田（前波）長俊は、国人富田長繁とこれに与した一揆によって滅ぼされた。一揆は余勢をかって、北荘《きたのしょう》に駐留していた木下祐久・明智光秀・津田元嘉の信長の奉行三人衆を追放した。信長の越前支配は、わずか半年で瓦解《がかい》したのである。さらに二月、本願寺門徒の「国中一揆」が、加賀から来た本願寺家臣七里三河守頼周を大将と仰いで蜂起した。そして富田はこの「国中一揆」との戦いのなかで討死した。

「国中一揆」は四月、さらに平泉寺を滅ぼし、朝倉景鏡を討ち取って越前全域を制圧した。本願寺は、家臣の下間頼照を「越州の守護」に、杉浦法橋《ほっきょう》を「大野郡司」に、下間和泉守を「足羽の郡司」に任命し、七里頼周は「上郡・府中辺」を支配することになった、と『越州軍記《えっしゅうぐんき》』は記している。織田政権の支配を覆して、門徒の一揆が越前を支配することになったのである。

同じころ、本願寺は信長に対して挙兵し、三好康長・遊佐信教らが河内高屋城に立て籠ってこれに呼応した。足利義昭は、一色《いっしき》藤長に宛てて御内書を出し、本願寺の蜂起と呼応する作戦が遅々として進まないことを叱責《しっせき》している（帝国学士院所蔵、手鑑所収）。この蜂起の背後の仕掛け人は義昭だったのだろう。織田軍は、大坂に軍勢を派遣し、近辺を放火した。

五月、武田勝頼は徳川家康の武将小笠原長忠を遠江国高天神《たかてんじん》城に攻め、家康の要請で出陣した信長が現地へいたる前に、長忠は降伏した。この合戦の情報は、近江国日野興敬寺の注進《ちゅうしん》によって、いちいち本願寺に届いていた。これもまた本願寺にとっては、その動静が非常に気にかかる戦いであり、武田と本願寺両者の動きが連動していることが、容易に推測される。武田勝頼もまた、義昭に味方して動き始めた。

このような情勢に対して、信長は七月、伊勢長島の一向一揆を攻略するために出陣したのである。この戦いは、信長自身「根切《ねぎり》」すなわち全員殲滅を期した戦いであると表明したように、降参を許さずに殺戮を繰り返し、籠城した一揆衆全員を焼き殺すなど、凄惨な大量虐殺が行なわれたことで有名である。

この大量虐殺こそ、信長と一向一揆とがそもそも根本的に共存できない不倶戴天《ふぐたいてん》の敵同士であることの証明であると考えられてきた。果たしてそうであろうか。たしかに信長は、さきの「浅井・朝倉の滅亡」のなかでも少し触れたように、それほどしばしばではないが、ある種の敵に対し、ある種の状況においてきわめて残虐な殺戮を行なっている。

だが、同じ一向一揆に対しても降伏を認め、赦免《しやめん》する場合のあることは、「浅井・朝倉の滅亡」のなかでみた近江の三宅・金森《かねがもり》の戦いの例にみられる通りである。このあとにみる大坂籠城のときも「籠城の男女」は出てきた者を赦免せよ、ただし僧侶など司令官クラスの一揆衆は赦免してはならないと、指示しており、長島・越前とその対応はまったく異なる。何よりも前年九月の長島攻めの際には、降参（詫言《わびごと》）・助命・退去という作法を織田軍は許しており、決して相手が一向一揆であるという理由から皆殺し作戦を展開しているとは考えがたい。それでは、天正二年伊勢長島の場合はなぜなのか、この点を以下考えてみたい。

まずは『信長公記《しんちょうこうき》』によって、織田信長側が長島の一揆について、どのような見方をしていたかをみてみたい。

念仏修行の道理

抑《そもそも》、尾張国河内長島と申すは、隠れなき節所《せっしょ》（難所の意、引用者）なり。濃州より流れ出づる川余多有。岩手川・大滝川・…長島の東北、西五里・三里の内、幾重《いくえ》ともなく引き廻し、南は海上漫々《まんまん》として、四方の節所申すは中々愚かなり。これに依って隣国の佞人《ねいじん》凶徒など相集まり、住宅し、当寺を崇敬す。本願寺念仏修行の道理をば本とせず、学文無智の故栄花を誇り、朝夕乱舞に日を暮らし、俗儀を構え、数ヶ所端城を拵《こしら》え、国方の儀を蔑如《べつじょ》に持扱、御法度《ごはっと》に背き、御国にて御折檻《せっかん》の輩《ともがら》をも能隠家《かくれが》と抱え置き、御領知方押領《おうりょう》致す…

長島が、三方を川の流れに遮られ、南は海を天然の要害としてきわめて攻略困難な難所であることを述べたあと、「佞人凶徒」が、国の支配者すなわち織田氏を蔑《ないがし》ろにして、好き放題の悪事を行なっている、というのがその趣旨である。

なかでも「本願寺念仏修行の道理をば本とせず」「俗儀を構え」という一節が注意を引く。長島の「佞人凶徒」は、本願寺の勧める念仏修行などお構いなしに栄華に誇り朝夕乱舞に暮らす、ようするに念仏者失格・門徒失格というのが織田側の言い分なのである。本願寺門徒だから制裁するのではない、門徒失格だから制裁するのだ、というわけである。

「俗儀を構え」て武装・防備を行ない、国の大名の威光（すなわち織田氏のそれ）も何の、織田側から処罰された罪人も、その追及を逃れてここを隠れ家としている。また、諸領主へ年貢を払わないことも、当然ながら門徒失格の行為である、と織田側は主張する。

ここから問わず語りに窺えるのは、長島が織田権力の手の及ばないアジールであったという事実だろう。事実、信長との戦いに敗れた美濃の斎藤龍興《たつおき》は長島に逃げ込んでいる。中世では、寺院や神社の境内・領地は、神仏が真の領主であると考えられていた。このため、とくに聖地として信仰を集める寺社の境内・領地は、国の大名ら上級の領主権も及ばない、守護不入《ふにゅう》（守護に対する治外法権）などの特権を獲得している場合が多かった。

だから、負債がかさんで生活できなくなった者が債権者の追及を逃れて、あるいは犯罪を犯した者が治安当局の手を逃れて、寺社領やその境内に逃げ込む場合が多く、アジールとなることは珍しくなかった。長島も、住民側からは願証寺の境内ないし所領、すなわち「寺内」であると主張され、その軍事力の裏付けによって、周囲からも不入の特権を事実上容認されていたと考えられる。

このような長島の実態こそ門徒失格である。念仏の聖地としての特権を、犯罪者隠匿《いんとく》だの、年貢未進だの、俗的な事柄に悪用するとは不埒《ふらち》しごく、というのが織田側の言い分である。この論理は、山門《さんもん》焼討のときのそれとまったく同じである。山門僧侶が、出家失格という言い分から焼討されたように、長島一揆は門徒失格という理由で虐殺されたわけである。

信長の対仏教勢力への対応をみていると、同様の例がかなり目に付く。すでに入京直後の永禄十二（一五六九）年、河内国金剛寺に対し敵方の者を匿《かくま》った罰則として一〇〇〇石の兵粮米《ひょうろうまい》を供出させている。

また元亀三（一五七二）年には、朝倉義景が三好義継に派遣した僧侶の密使を捕らえ、京都一条戻橋で焚殺《ふんさつ》した。『年代記抄節《しょうせつ》』が「先代未聞」と記すように、中世の常識ではないことである。僧侶は、敵味方の対立を超越した不可侵の存在と見なされ、敵味方間の自由な通行を黙認されたために、場合によっては、戦場の密使やスパイまで行なうことは中世の常識だった。

天正九年に、京都で高野聖《こうやひじり》を大量処刑したのも同様である。荒木村重の残党を匿った高野山に引渡しを勧告したところ、高野山がこれを拒否して信長の使者を殺害した。このことに対する制裁が大量処刑である。

信長側の言い分は、仏教者としての特権を政治的に悪用した、という点で一貫している。信長が行なった大規模な殺戮は、後述するように、その政治的効果を十分計算に入れたものである。だから「根切」を行なうにも、まず何よりも正当化の論理が必要であった。出家失格・門徒失格という言い分がそれである。このような主張が当時の社会常識を、ある程度反映したものであったことは山門焼討のところでみた通りである。

聖俗の棲分け

そして、この論理には思いもよらないような思想的先達を見つけることができる。誰あろう、これまでしばしば登場している本願寺第八代宗主《しゅうす》蓮如《れんにょ》である。もちろん蓮如が「虐殺」や「殲滅」など主張したはずはない。いま問題にしているのは、出家や門徒のあり方についての見解である。そしてこの点に関していうと、蓮如の考え方には信長の主張と一脈通じる面があった。蓮如は『御文《おふみ》』のなかで、本願寺の念仏とは「仏法領《ぶっぽうりょう》」ということである、と説く。

それ当流というは仏法領なり。仏法力をもて、ほしいままに世間を本として、仏法の方は極めて疎略なること、もってのほかあさましき次第なり。…

「仏法領」とは、俗世間の領域に対峙する信心の領域というほどの意味である。別段、何か現世的秩序を否定したコミューンのようなものを想定する必要はない。本願寺の念仏とは、何よりも信心の領域の事柄である。それなのに、仏法の権威を笠に着て俗的な価値ばかりを追い求め、肝心の信心が疎《おろそ》かであるとは浅ましいかぎり、というのが蓮如の論理であった。こうしてみると「本願寺念仏修行の道理を本とせず」という『信長公記』の記述は、まことに意味深長である。

さらに文明六（一四七四）年、加賀の本願寺門徒らが守護富樫《とがし》幸千代を追放して、富樫政親を守護に擁立した際、蓮如は門徒の行為を支持してつぎのようにいう。

すなわち、一般にいって百姓の身分であるにもかかわらず、守護や地頭などの支配者を「退治」するというのは「前代未聞」の悪事である。しかし、年貢をきちんと納めるなど罪咎《つみとが》もない百姓が、後生《ごしょう》のために念仏修行を行なうことを妨げるような守護や地頭に、「謀叛」を起こすのは道理至極である、と（『柳本御文集』）。

俗的な領域において支配者に服する義務と、仏法領における信心の権利とを両立させる蓮如の主張は、出家や門徒の身ながら仏法の権威を笠に着て、俗的な悪事を行なうとは不埒しごく、という論理の裏返しといえよう。故森龍吉氏によれば、このような蓮如の思想は「当時の状況においては、はるかに先取的な、分離された王法と仏法の二つの王国が重層する世界」を構想したものである。さらに氏によれば、これは「政教分離」の進展にともなって生じた新たな価値観であった。

ところで、大桑斉氏によれば、近世の寺院勢力は、武士の支配に服する俗人とは異なる身分に位置付けられ、宗判権《しゅうはんけん》をもつ集団として、世俗法とは相対的に自立した法をもち、一種の自治を認められた存在だった。このような近世の、聖俗両者の棲分けの状況と、蓮如の描いた「王法」「仏法」二つの王国の重層する世界とは酷似しているように思われる。

信心に支えられた仏法の権威にものをいわせて嗷訴《ごうそ》を繰り返し、俗的な政治力を誇る中世の山門などとは、かなりの程度異なった仏教界のあり方といえよう。「仏法領」においてこそ存在理由をもち、俗的な世界とのかかわりを自粛する教団を構想した蓮如の眼は、遠く一〇〇年以上さきの近世を見通していたのかも知れない。

蓮如の一〇〇年後、信長は「出家の道理」に悖《もと》ると宣告して山門を焼討し、「本願寺念仏修行の道理」に悖ると宣告して長島一揆を皆殺しにすることになる。門徒の間にも、けっこう影響力のあったこのような論理を逆手《さかて》にとって、信長は長島の弾圧に利用しようとしたのである。さながら中世の仏教世界が、ようやく社会的な力をえてきた近世の仏教世界の掟で、処断されていくありさまを目の当たりにするようである。信長・本願寺教団・宗教的アジール伊勢長島、どうやらこの三者の関係がみえてきたように思われる。

長島の付近一帯は、木曾・長良・揖斐《いび》の三川が伊勢湾に流れ込む河口であることから、河内とよばれていた。今回は、長島一揆を一掃すべく十分な準備のもとに大軍を率いて七月、出陣した信長は松の木の渡、小木江村を奪取し、五妙まで進出する。そして、九鬼嘉隆・滝川一益《かずます》らの率いる水軍を率いて進撃し、長島を包囲した。

「根切」の戦い

一揆勢は、篠橋・大鳥居・屋長島・中江・そして長島の五ヵ所へ立て籠っている。「海上所な」いほどに軍船を集中した織田軍は、まず篠橋・大鳥居の二城に攻撃をしかけた。大鉄炮によって塀櫓《へいろ》を打ち崩す猛攻に、両城からは降参を申し出たけれども、「佞人懲《ねいじんこ》らしめ」のために兵粮攻めを敢行した。「年来の緩怠《かんたい》・狼藉《ろうぜき》・御鬱憤《うつぷん》を散ぜらるべき旨」にて、申出を拒否したのだと『信長公記』は記している。弟の織田信興を自害に追いこみ、忠臣氏家卜全《うじいえぼくぜん》を戦死させ、さらに山道の難所で不意打ちをくわせるというゲリラ戦によって、二度も痛い目にあったのである。報復の決意は固かったであろう。

七月二十三日、信長が河尻秀隆に宛てた書状では、一揆の面々が降参を申し出て赦免を乞うているけれども、今回は「根切」にするから赦免はしない、と述べている。

ついで明智光秀宛の二十九日の書状では、つぎのように戦況を報告している。

篠橋と大島居の二ヵ所はもう兵粮が尽きているとの確かな情報があるから、そう長くはもたないだろう。ここに有力な一揆衆が多く立て籠っているから、ここさえ攻略すれば、長島を陥落させたも同然である。長島も一揆の連中が逃げ込んで思いの他混乱しており、城中には男女の餓死者が相当いると聞いている、というのが概要である。

この長島攻めと平行して、明智光秀・長岡（細川）藤孝・荒木村重らが四月に蜂起した大坂本願寺・三好康長・遊佐長教らに対して攻撃を続行中だった。七月二十日、村重は本願寺の出城である中島城を攻撃し、大きな戦果を得た。八月五日、信長は藤孝宛の書状で、大坂方が攻撃をしかけてくれれば、「根切の覚悟専用」に戦うべきことを指示している。この二正面作戦に対抗して、尾張・伊勢で一揆が蜂起したが、信長はただちにことごとく「撫切」にするよう指示した。

八月三日、前夜の嵐に紛れて大島居の一揆が城外脱出を企てたが、男女一〇〇〇人ほどが織田軍の手で切り捨てられた。信長は、藤孝宛の書状に「首数の事は注するに及ばず候、推量あるべく候」と記し、戦果を誇っている。降伏を許さない兵粮攻めは凄惨な様相となり、籠城する一揆勢のなかには身投げする者も現われた。信長は、一揆側の詫言《わびごと》（降参、赦免の懇願）を拒否する「根切」の方針を依然変えない。十二日、篠橋に籠城した一揆が、願証寺を裏切って、織田方につく旨を申し出たので、彼らを助命し「長島に追い入れ」たと『信長公記』は記している。

ついに一揆方の拠点は、本拠地の長島と、屋長島・中江の三ヵ所になった。八月十七日に、信長は藤孝への書状のなかで、一揆は手を替え品を替えて「詫言」をしてくるが、一挙に全滅させるつもりであるので、取り上げない。本願寺は窮地に陥ったらしいから、いままでは難しかったような、さまざまな戦略をこれから行なうつもりだ、と述べている。大坂で交戦中の部下への書状であるから、かなり景気のいい潤色《じゅんしょく》が行なわれているはずで、話半分とも考えられるが、相当に残虐な戦法をとっていることはまちがいなかろう。

たまりかねた本願寺顕如は、武田勝頼に信長勢力の後方攪乱《かくらん》を依頼した。しかし、遠江で長期間戦っていた武田勢の動きはにぶく、敏速な出陣は望めなかった。ようやく尾張・三河へ後方攪乱のために出陣する、と勝頼が本願寺に書き送ったのは、大鳥居も篠橋もとうに陥落した八月二十四日のことだった（『保阪潤治氏所蔵文書』）。

民衆へのアピール

信長の出陣からすでに三ヵ月近くたった九月二十九日、長島の一揆勢は降参を申し出て退城を約束した。この間の籠城で、すでに過半が餓死したと『信長公記』は記している。

ここにいたって信長も、とうとう降参を認めたが、多くの舟に乗って退去する一揆勢めがけて鉄炮をならべて一斉射撃を行ない、さらに際限なく川に切り捨てさせた。だまし討ちに憤激した一揆の者たちは、裸になり、抜いた刀だけをもって七〇〇〜八〇〇ばかりの人数で織田軍に切りかかったために、織田氏一族をはじめとして多くの者が討死したという。一揆勢は、その後留守の小屋へ乱れ入って思い思いに支度し、多芸山や北伊勢口へ、ちりぢりに逃げていき、大坂へ向かったと『信長公記』は記している。

さらに中江・屋長島の二ヵ所は男女二万ばかりの籠城衆をそのままにして、何重にも柵をめぐらして、いわば袋の鼠の状態にし、四方より火を付けてそのまま焼き殺した。長島の合戦には、山門焼討もそうだが「男女」の虐殺がしばしば目に付く。一揆が自身の生活の場を砦に、夫婦で戦っていたという想定も、あるいはできるかも知れない。しかしこれは、戦火を避けて長島の城に逃げ込んだ非戦闘員の住民である、と想定する方が一般的であろう。

戦時には非戦闘員である住民も、戦乱による遭難を逃れるために領主の城や砦に避難する習慣が中世にあったことが、近年、藤木久志氏によって明らかにされている。藤木氏の指摘のように、領主は住民の保護者として、彼らの安全を確保する能力を問われる存在だった。だから領民は城中に避難し、保護を受ける権利があったのである。長島寺内の領主である願証寺や一向一揆の僧侶・武士たちの場合も同様である。

したがって、城中に逃げ込んだ非戦闘員を大量虐殺することは、領主に対して、住民を戦乱から保護する危機管理能力のないことを宣告し、さらにはそれを一般民衆に宣伝するものとなる。虐殺は、領主の破産宣告を、世間にアピールするものだと考えられよう。

信長が、降参を許す通常の戦闘方法をとるか、降参を許さない「根切」を行なうかは、相手の城主の顔を立てるか、潰すかの二通りの対応を使い分けたものとみることができる。

「百姓は草の靡《なび》き」という戦国時代の諺《ことわざ》があるように、民衆が支持し、進んで服従しようとしたのは、何よりも領民を保護する力のある、強い領主であった。そうしなければ戦乱の世を生きぬくことはできない。領民を敵の殺戮に任せるような領主は、年貢を取る資格もない領主失格者、これが民衆の本音である。

この、民衆の本音に訴えて、一揆を叩き潰そうというのが信長の冷酷な計算だったと考えられる。信長の虐殺如何で、領主の株は上下することになる。山門は、信長の焼討によって、何よりも坂本町民を保護する領主としての顔を潰された。足利義昭も、上京焼討に際して妥協しなければ、京都住民の領主としての将軍の顔を潰されることになったはずである。そして、長島の虐殺は、信長が門徒失格を宣告した願証寺と一向一揆の顔を潰したものといえよう。

虐殺によって、民衆が信長に怨恨をもつよりも、信長の虐殺を招いた領主から民衆が離れていくのである。戦乱の時代に、非戦闘員を虐殺したか否か、人道的であるか否かは問題ではない。戦乱の世を生きた民衆は、何よりも強い、危機管理能力の高い領主を求めた。これが虐殺作戦の時代的背景である、と筆者は考えている。虐殺は単なる「御鬱憤」晴らしではない、民衆へ向けられた政治的アピールなのだと考えられる。

こうして東海地方に武名を轟かした長島一向一揆も、大量の血を流して滅亡した。願証寺の幼い跡継であった顕忍《けんにん》と弟の栄丸《さかえまる》とは、家臣に連れられて員弁川を遡り、近江に逃げたと伝える。現在滋賀県日野町の願証寺が、長島願証寺の遺跡を伝えている。

さらに九月には、河内国飯盛《いいもり》で一揆勢が佐久間信盛・明智光秀・長岡藤孝らとの戦いに敗れ、高屋城は織田軍に焼かれ、萱振《かやぶり》の砦は落城した。こうして大坂方面でも戦況は不利となり、今後の戦局を左右する焦点は越前の一向一揆となった。そして、この越前一向一揆に対しても、信長は殲滅作戦を敢行する。引き続き、信長の行動を注視したい。

越前の殲滅

すでに越前出兵の前、織田信長は越前の諸宗派へ味方するように働きかけ、約束を取り付けている。まずは前年、天正二（一五七四）年七月、真宗高田派（専修寺派）に対して、信長の越前出馬の際には、味方として働くよう約束を取り付け、所領については望みしだい宛行《あておこ》なうことを約束している。

諸宗派への調略

高田派は、親鸞の高弟真仏を開祖とする宗派であり、中世では真宗随一の有力教団だったが、十五世紀半ばに、本願寺に蓮如《れんにょ》が現われてから、真宗の主要勢力はじょじょに本願寺派に移っていった。加賀でも本願寺派の伸長によって圧迫され、富樫《とがし》幸千代に味方したために本願寺派との抗争に敗れるなど、不振を託《かこ》つことしばしばだった。そしていま、本願寺門徒と戦うべく信長と結んだのである。

さらに天正三年六月、越前出兵の直前に、信長は今立郡池田荘の日蓮衆徒、および真宗三門徒に対しても味方になるよう促した。もし出馬に際して味方として働いたならば、たとえいったん一揆として行動した者でも、本領はもちろん、手柄しだいに新たな知行を与えると勧誘している。

越前には、鯖江誠照寺・横越証誠寺・中野専照寺を本山とする、三門徒といわれる真宗の一派があった。後世には、親鸞の教えをねじまげた秘事法門として本願寺から非難されるが、じつは高田派の流れを引き、本願寺覚如の弟子にもなった如道《にょどう》と、その弟子たちが開いた宗派である。三門徒おがまず宗ともよばれ、阿弥陀《あみだ》経も読まず、六時《ろくじ》礼讃《らいさん》も勤行《ごんぎょう》せず、ただ男女が行道《ぎょうどう》して念仏し、親鸞の和讃《わさん》をもっぱら唱えるという、個性的な信心の作法で著名である。

同じころ、その三門徒の鯖江誠照寺・横越証誠寺・中野専照寺に対して、信長はその地位を安堵《あんど》する旨朱印状《しゅいんじょう》を与えている。そのなかで、同じ真宗とはいっても本願寺派とはちがう宗派であることはよくわかった、出馬の際に忠節を致すことまことに神妙である、と述べている。三門徒派も本願寺派に敵対して信長と結んだことがわかる。

越前は、平泉寺を中心とする白山系天台をはじめ、さまざまな宗派が根を張っていた。真宗にも、本願寺派以外に高田派・三門徒派など諸宗派があり、中世では他に時宗《じしゅう》の勢力も伸びていた。このような状況のなかで、一向一揆を攻略するには、他の諸宗派を味方に付ける必要があったのだろう。

府中は死骸ばかり

これだけの手を打って八月十二日、織田信長は越前へ向けて進発した。十四日敦賀《つるが》の武藤舜秀の陣に入り、そこから越前の牢人《ろうにん》衆を先陣に立てて木芽《このめ》峠口から進撃し、また海岸側から丹後の水軍を動員して総攻撃を開始、浜方の篠尾、杉津の城を攻略した。さらに木芽峠・鉢伏《はちぶせ》・今城《いまじょう》・火燧《ひうち》ヶ城を攻略したため、これらの拠点を守っていた一揆方は府中へ退却したが、そこで待ち伏せていた羽柴秀吉・明智光秀の殺戮に遭い、二〇〇〇人ほどが斬り捨てられた。かくして、越前一国はあっけなく織田軍に制圧され、「府中の町は死骸ばかりにて一円あきなく候」という状況となった。

ここから、山林へ逃れた一揆の残党狩りが展開される。信長は次男の北畠《きたばたけ》信意（信雄）に大滝・白山の山手に集まった一揆を四〇〇～五〇〇討ち取ったことを賞し、さらに一揆狩をするよう指示している。そのなかで、谷々を探して一揆を討ち果たすことが肝要であ

13　一揆を伝える文字瓦
（越前の里郷土資料館蔵）

り、そのために日数がかかることも、戦を行なうこともかまわない、念入りに一人も残さないように討ち果たすべく下知せよ、と述べている。八月二十二日の村井貞勝宛書状でも、山々谷々を残るところなく討ち捕り、生け捕りにした者も処刑し、一揆衆の生存を許さない殲滅作戦を展開したことが述べられている。

この凄絶な殲滅作戦には、思わぬ目撃者がいた。興福寺《こうふくじ》大乗院《だいじょういん》の門跡《もんぜき》尋憲《じんけん》である。興福寺には越前国坂井郡に河口荘・坪江荘という大きな荘園があった。戦国時代になると、地方の荘園からの年貢が中央の公家のもとに入ることは、たいていは稀れになるなかで、この二つの荘園からは、朝倉氏の尽力によって曲がりなりにも年貢が入ってきていたのである。

しかし、朝倉氏と信長との開戦以降、年貢の輸送は途絶した。そこで、信長の越前制圧を機に年貢収入を回復すべく、大乗院門跡じきじきに織田軍の陣中へ依頼に出向いたのである。このおり尋憲が記した旅日記『越前国相越記《そうえつき》』は『福井市立郷土歴史博物館報』に紹介されて以来、天正三年の血腥《ちなまぐさ》い越前の状況を伝える希有の史料として知られるようになった。

そこには、山狩りに出向いた織田軍が一揆衆を切り捨て、「数のしるしに鼻を削」いで、それを持参して帰陣し、二〇〇人を超える捕虜を陣の近辺でことごとく処刑しているという、凄惨な一揆狩りのありさまが記されている。信長の意図が、何よりも一揆の皆殺しにあったことを証言する貴重な史料といえよう。

長い歴史のなかで、その権威を失墜させてきた荘園領主の末裔《まつえい》である尋憲も、領主として最後の仕事をせざるを得なくなった。河口荘と坪江荘の住民を一揆狩りから保護すべく、信長から制札《せいさつ》（駐留軍が住民の安全を保障する文書）を、朱印銭を支払ってもらい受けた。住民を保護する危機管理能力を問われる点は、荘園領主も同じであった。

鼻を削ぐ

ここで、いやでも目に飛び込んでくるのは「数のしるしに鼻削ぎて」という一句であろう。死体の鼻を削《そ》ぐ、現代人からみて猟奇的ともいえるこの行為は、これまでにも研究者の注目を引いてきた。とくに後年、豊臣秀吉が朝鮮に派遣した侵略軍が、朝鮮から大量の鼻や耳を日本に送ったことも考慮され、通常の武士同士の戦闘では行なわれない残虐行為とみる見方もある。相手が「百姓」、土民などの一揆だから行なわれるもの、ないし通常の日本人同士の間ではないから行なわれる残虐行為、と考える向きもある。

だがしかし、別に織田軍の肩をもつわけではないが、このような見方は妥当性を欠いている。越前でみられたような鼻削ぎ、ないし耳削ぎは中世の通常の戦闘でも、武士同士の戦闘でもみられたのである。行為自体が現代人からみて許されるべくもない残虐行為であることはまちがいないとしても、別段敵に対する差別観念からなされたものではない。

簡単にいえば、鼻は首の代用品である。自身の手柄を首によって検認してもらうことが不適当な場合には、鼻を持参することが行なわれた。たとえば、六月という猛暑の最中の戦闘では、死体は腐敗しやすく、そのため重い首よりは軽い鼻を持参させて首実験を行なうことがあった。ただし、死んだ味方の鼻を削いで首実検《くびじっけん》に供する不届きな兵士もいないわけではないので、大した理由もないのに実検の首を鼻に代えることはよろしくない、という記述が『北条五代記』にみえる。鼻による実検が行なわれる場合には、分捕った敵の首以外のところから鼻を調達してくる兵士も、おそらく珍しくなかったのだろう。

こうした状況では鼻をとる側も、まさしく敵の首から削いだ鼻であることを証明しなくてはならない。『細川幽斎覚書《ほそかわゆうさいおぼえがき》』では、首を取ったあと、大将から耳・鼻のみを持参せよと下知《げち》のあった際には、唇を付けて鼻を削ぐようにせよ、と述べている。髭《ひげ》がみえないと女子供の鼻を削いだのではないか、とかんぐられる恐れがあるからである。ただし、若武者の場合は髭のみえない場合もあるから、（鼻の他に）何かその武者が携帯していたしかるべき道具も共に持参せよ、とわざわざ助言している。

得体の知れない鼻を獲得して、偽りの手柄を主張する恐れがあったにもかかわらず、首は重く、決して携帯しやすい代物とはいえないという理由から、鼻・耳を首実検の対象とすることは珍しくはなかった。木下秀吉が、元亀二（一五七一）年の戦闘で分捕った一向一揆の耳鼻一八〇〇を、信長に進上したという『浅井三代記』の記述もある。

だから、もちろん敵が武士で、それも大名クラスのそれであっても、分捕りとして鼻を削ぐことは行なわれたのである。『土岐累代記《ときるいだいき》』によると、敗走する斎藤道三《どうさん》を追い詰めた斎藤義龍《よしたつ》配下の小牧源太・長井忠左衛門・林主水の三人は、ついにその首を取り、証拠のために鼻を削いで義龍の実検に供した。義龍は実検が終わると、それを長良川《ながら》のほとりに捨ててしまったので、小牧源太が拾って埋葬したという。義龍の激しい憎しみとともに、武士同士の戦闘でも鼻が分捕品として扱われた、当時の戦場の習いも明快に伝わってくる。

だから首を埋葬し、供養する代わりに耳や鼻をそうすることも行なわれた。すでに平安時代に、源頼義《よりよし》が京都に阿弥陀堂を建立して、等身の阿弥陀仏像を造立して安置し、一二年間の戦闘で死んだ者の片耳を集めて乾燥させ、堂の下に埋めたと『古事談《こじだん》』は記している。かなりあとの史料になるが、『雍州府志《ようしゅうふし》』は朝鮮侵略軍が獲得した首を、わざわざ運搬するのが煩わしいために耳鼻を削いで日本に送ったので、秀吉がそれを埋めて「堆墳《たいふん》上《じょう》」に塔を建てたのが耳塚《みみづか》であると記している。学者によってはこれを、京都に運んだ善光寺如来を使って、供養を演出したイベントであると、趣向ずくめに解釈する向きもあるが、ともかく、耳や鼻の供養が中世でありふれた行事だったことはたしかであろう。

たしかに、現代人からみて敵の死体からわざわざ耳や鼻を削ぐという行為は、不快で異常な行為にはちがいない。だが、それなら首を取るという行為も負けず劣らずの猟奇的行為ではないか。首を取ることが当時の戦闘の慣習として認知されうるのなら、耳や鼻を削ぐことも同じである。織田軍が越前一揆に対して鼻削ぎを行なったことも、豊臣軍が朝鮮人に対して耳・鼻削ぎを行なったことも、当時としても、通常の戦闘では考えられない野蛮な行為であると考えるわけにはいかない。

そこで問題になるのは、山狩りを行なって一揆を掃討し、そのうえ捕虜を一人残らず処刑するという殲滅作戦の意味である。この場合も、手がかりは、この殲滅作戦を、信長がどのように世間にアピールしたか、である。信長は、越前の殲滅をつぎのようにアピールしていた。

「一揆」との戦い

この両国（加賀・越前）は多分に一揆の類《たぐい》、物の数にあらず候といえども、当時天下に対しその禍《わざわい》をなすの間、退治せざるにおいては際限《さいげん》あるべからざるの条、討ち果たし候。

越前一揆平定のあと、南加賀への進出を果たし、帰国した十月二十五日、出羽国米沢城主の伊達《だて》輝宗《てるむね》へ送った書状の一節である。加賀・越前の一向一揆は「一揆」の類だから「物の数ではない」という言説は、さきの「浅井・朝倉の滅亡」でみた近江の一向一揆への評価と酷似している。もちろん加賀や越前の一向一揆が、果たして「百姓」など「物の数ではない」者の一揆であったか否かという詮索《せんさく》は、この場合ほとんど意味がない。事実は、両方とも武士を主体とする一揆であって、その意味では信長の言い分は事実に反している。

だが、ここには当時「一揆」という言葉に籠められていたニュアンスが露《あらわ》にされている。

「一揆」だから物の数ではない。「一揆」だから退治しなければ際限がない。ここで使われる「一揆」の語は、中世で普通に使われたものとは、ややずれた意味をもっている。

中世では、大名も武士も、もちろん「土民」も、一揆を結成して戦うのは普通のことだった。一揆だから、という理由で蔑《さげす》まれなければならない理由は何もなかったのである。だが信長の時代になってこの「一揆」の語は「百姓」、物の数ではない、などやや侮蔑的なニュアンスを付与されることになる。それは、武士らしからぬ戦いの方法を指す言葉にもなっていた。

「豊前・肥後両国の敵の城は『一揆』の城ではあったが、立て籠っているのは土民ではなく、れっきとした国人《こくじん》（土着の武士や地侍《じざむらい》）たちである。けれどもしかるべき一国の大将がおらず、皆それぞれに思い思いに城に立て籠っていたため、人びとは『一揆』の城と呼んだのである」。これは天正十五年、豊臣秀吉の九州攻めの先鋒として、黒田・小早川・吉川らの軍勢が豊前国宇留津城を攻めたことを叙述する『陰徳太平記《いんとくたいへいき》』の記述である。

ここでは「一揆」が、実態が武士か「百姓」かを問わず、しかるべき大将のいない軍勢を指していることが注目される。中世の一揆は、大将のいない、全員平等なフラットな関係が本来の姿であった、とは勝俣鎮夫氏の指摘である。ここではその一揆の属性が、ある種の欠損を抱えた軍勢を意味することになっているのである。

「私の一揆」

しかるべき大将がいないことは、まっとうな指導者がいないこと、ひいては大儀名分をもたない、私ごとの集団ということになる。「一揆」などにまっとうな存在理由はない、というわけである。戦国時代の武将であった伊勢貞頼が著した『宗五大草紙《そうごおおぞうし》』（宗五は貞頼の法名）という書物がある。将軍足利義政の側近であった彼は、一方で本願寺蓮如やその子息たちとも姻戚《いんせき》関係にあり、そのせいか加賀に滞在したこともある。その彼が『宗五大草紙』のなかで一揆とは「小人」のわざであり、決してほめたことではない、と述べていることが注意を引く。

古来から、武人は盟約を固く守るということを行なってきたという。現在でも、一揆を結成するというのはそういうことなのだろう。だが、そもそも「君子は周くして比せず」ともいうように、立派な人間は徒党を組むなどということをしないものである。ただ「上」の命令をのみ遵守して「私の一揆」などはない方がよい。「小人は比す」といって、ならず者たちが徒党を組み、正義を蔑《ないがし》ろにすることは、本当に害悪の多いものである。盟約ということも、合戦などの非常時に限られるべきことで、そのときは一揆も致し方なかろう…。

これが伊勢貞頼の一揆論なのである。上の命令に従うことは公のこと、同輩と徒党を組むのは私ごと、という鮮明な対比がみられる。同輩間では依怙贔屓《えこひいき》なく、誰とも等距離外交に徹するのが君子のやり方であり、徒党を組んで横車を押すのは感心できないと、一揆は恰《あたか》も「赤信号皆で渡れば…」の類の横暴としか評価されていない。「上」こそ正当な公のものという観念は、一向一揆を起こした本願寺教団のなかにさえみられた。

そもそもさきの「一揆蜂起の背景」のなかでみたように、本願寺教団自体が親鸞の血筋を引く本願寺一族に絶対的な価値をおき、その一族を推戴《すいたい》する一揆であった。教団の一部のメンバーが宗主に反逆することはもちろんあったが、その場合にさえ、本願寺の血筋の者がトップに座る必要があったのである。その意味で、絶対的な「上」をもった一揆、というのが本願寺教団の特質であり、一向一揆の特質だったのである。加賀一向一揆もそうで、本願寺宗主がトップに座った一揆だからこそ結束は固く、一〇〇年の長きにおよぶ加賀支配が可能だった。

このあとで述べる大坂籠城《ろうじょう》の際にも本願寺は、紀州雑賀《さいか》門徒《もんと》に対してひたすら「上」の指示に従うべきことを命じ、つぎのように述べている。

もし本願寺教団にとって災いとなるような不祥事を見聞したならば、何よりも本願寺へ言上《ごんじょう》せよ、あとの詮索はこちら側で行なう。何事も「私の分別」として処置してはならない、「下として上儀を計らい候類」は破門する、と(『松本彦四郎氏所蔵文書』)。本願寺教団のなかでは何よりも「上儀《じょうぎ》」が重んじることが重要だったのであり、これが、一揆でありながら絶対の「上」をもつ集団の特質だった。

ここまでくれば、織田信長の主張は明らかであろう。越前支配を行なう「一揆」は「上」のいない、何ら支配の大義名分をもたない集団であり、支配者の名に値しない、というのがその言い分なのである。もちろん、本願寺が「一揆」の指導者として代官を下向させたことは事実である。だが、詮索すべきは事実ではなく、信長の言い分である。正当な「上」をもたず、天下に禍をなす一揆は国主失格、これがその言い分である。

越前一向一揆に国主失格の宣告を行なうことが目的で殲滅作戦が強行されたことは、長島一向一揆と同様である。一向一揆の僧侶や国人《こくじん》を支配者と仰いでいるようならば、どの住民も命は保障されないであろう、というのが越前民衆に向けた信長のアピールである。

もちろんそれ以外に、自身が任命した守護《しゅご》代《だい》桂田(前波)長俊を殺害され、自身が任命した府中三人衆という奉行衆《ぶぎょうしゅう》を追放され、その支配を覆《くつがえ》された、言い換えれば天下人として恥をかかされたことへの報復もあったにちがいない。だが、個人としての行為ではなく、政治家のそれとして信長の行為を考えるためには、その政治的メッセージを読み取る必要があろう。殲滅・大量虐殺とは、その「問答無用」風な外見とはうらはらに、優れて政治的な、そして誰よりも一般民衆に向けられたメッセージといえよう。

強制的転宗

越前一国を支配下においた織田軍は余勢をかって、加賀へ進出し、江沼・能美の南加賀二郡を制圧した。本願寺が派遣した惣大将の下間頼照は、高田門徒の手によって討ち取られ、織田軍にその首が届けられた。本願寺一族の西光寺・大町専修寺賢会や本願寺家臣の下間和泉も、捕えられ処刑された。

こうして一揆の指導者層が根こそぎ滅ぼされたあと、一般門徒に対しては、真宗高田派へと転宗させられることを代償に助命が行なわれた。現存する史料では、大野郡の本願寺門徒が高田三ヵ寺すなわち専福寺・称名寺・法光寺の門徒になることで助命されたことが知られている。高田派は、助命を望む本願寺門徒を対象とする、門徒獲得作戦を展開していた。柴田勝家が、下間頼照を討ち取った高田派の黒目称名寺に対し、その忠節を賞したうえ、門徒や「帰参人」の地位は保障する、と述べていることも、その一例といえよう。

だが、このあと越前で本願寺派真宗の信仰が厳格に禁止された、というわけではない。たとえば本願寺末の小黒西光寺は前々からの行きがかりもあり、信長によって赦免されたと『信長公記』は記している。果たして西光寺は、天正九（一五八一）年に顕如の三男准如が住持となった越前本行寺の、越前内にある下寺三十余寺の一員として健在ぶりが確認できる。そしてまた三十余寺の末寺・門徒が健在であるとすれば、過酷な禁圧が行なわれた、とは必ずしもいえなくなってくる。もちろん一揆の一員として、たとえば寺院・寺内破却などの制裁が行なわれたことは十分想像できるところである。しかし、その後の持続的な禁圧が行なわれたか否かは別に考える必要があるのではなかろうか。

そして十月、天正元年に引き続き、本願寺は松井友閑と三好康長を伝に、信長に和睦を乞い、信長も承認した。天正二年に続き、大量の血を流してまた、束の間の休戦となった。

大坂籠城

籠城戦の開始

幕府再興の戦い

天正四（一五七六）年、足利義昭は紀伊国由良《ゆら》の興国寺から備後国鞆《とも》に移り、山田常国寺をつねの御所とした。そして二月、吉川《きっかわ》元春に命じて毛利輝元に、幕府再興に尽力するよう依頼させた。義昭はさらに五月、越後の上杉謙信に武田・北条と和睦し、義昭の帰京がかなうよう尽力を依頼した。おそらくこうした義昭の動きと連動してであろう、四月、大坂本願寺が再度蜂起した。いままでみてきたように、本願寺の天正元年以後の動きは、義昭の行動と密接に連動している。

織田信長は四月十四日、ただちに明智光秀、長岡（細川）藤孝・原田直政・荒木村重、それに筒井順慶を派遣して本願寺を攻めさせた。荒木は大坂北野田の砦に、明智・長岡の

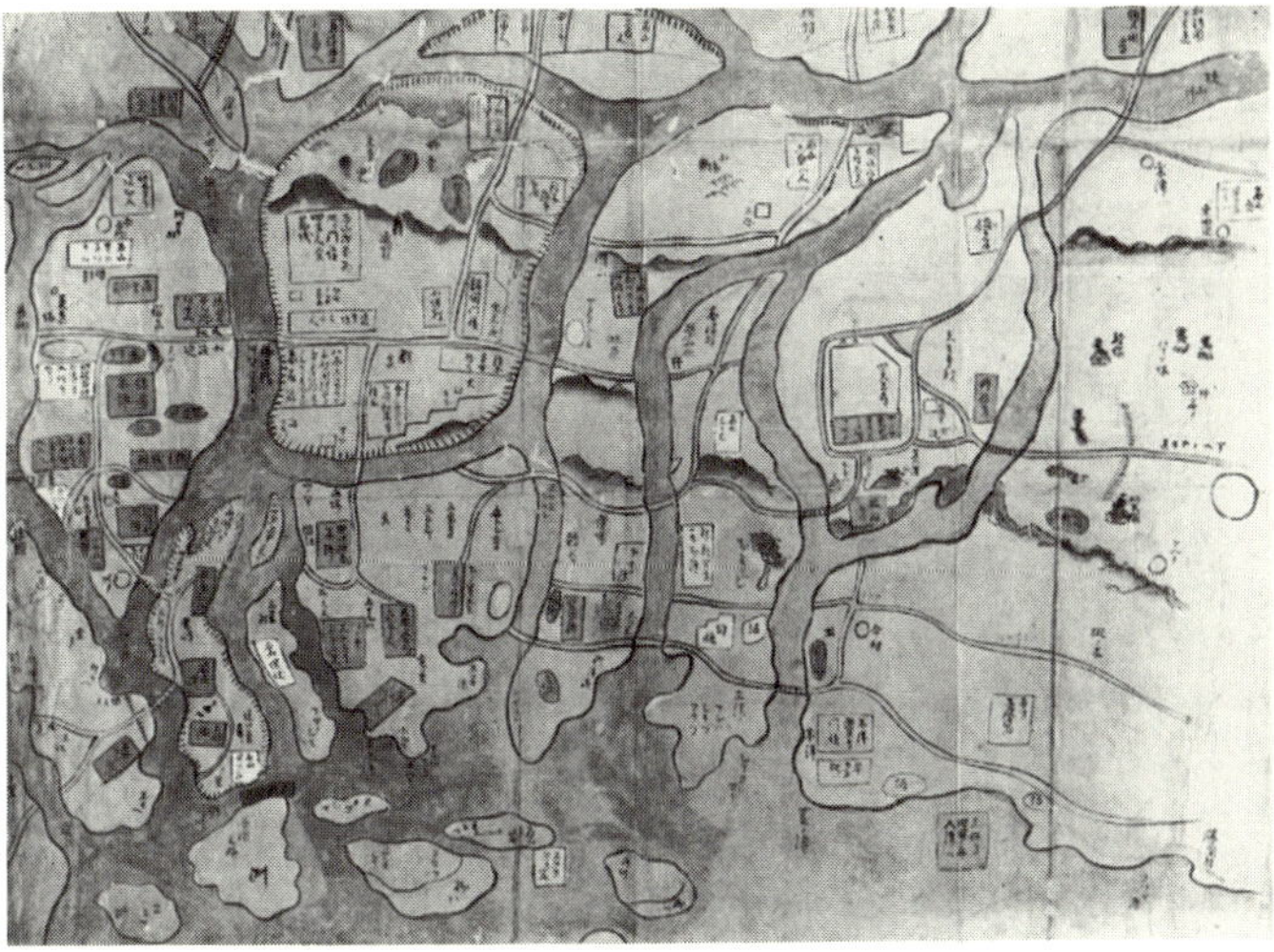

14　石山合戦配陣図（大阪城天守閣蔵）

二人は森口・森河内の砦に、原田は天王寺の砦を守り、門徒勢に備えたと『信長《しんちょう》公記《こうき》』は記している。このときから天正八年八月まで五年の間、諸国の門徒に支えられた長い籠城戦が始まった。

五月三日、原田直政が大坂の西木津の砦を攻撃して却って敗れ、討死した。勢いにのった一揆勢は、今度は天王寺の砦に攻め寄せ、防備のため立て籠っていた佐久間信栄・明智光秀らは包囲されることになった。信長は急遽佐久間信盛・羽柴秀吉・丹羽長秀らを率いて出陣し、五日に河内国若江城に入り、七日に攻撃を開始した。信長自身、先鋒の足軽《あしがる》のなかに入って、足に鉄砲傷を負う、という奮戦の結果、進出してきた一揆勢を押し返し、大坂の城戸口まで追撃して二千余りの首を討ち取った。

このとき、一揆側の大将の一人である雑賀《さいか》孫市が討死したという。雑賀孫市とは鈴木孫一重秀のこととされているが、鈴木重秀は天正五年以後も健在である。それでは雑賀孫市討死の報は誤報かとも考えられるのであるが、その首は京都の勘解由《かげゆ》小路室町で獄門にかけられたとある公家は記しており、そのうえ首を見物した公家もいる（『言継卿記』『宣教卿記』）。あまつさえ、信長自身、孫市を討ち取ったと喧伝している始末である（『宣教卿記』）。まさか雑賀孫市が二人いたとは考えにくい。人ちがいながら首が獄門にかけられたのだろうか。後考を待ちたい。

いっぽう、さきに述べた義昭の工作はじょじょに効果を現わし始めた。まず、毛利輝元が五月に信長と断交し、義昭方の旗色を鮮明にした。ついで同じころ、上杉謙信は本願寺顕如《けんによ》と和睦し、長期間にわたる加賀・越後の抗争に終止符が打たれた。六月に謙信は、小早川隆景に対してこの和睦を伝え、義昭帰京のため尽力すべく輝元の書簡に答えている。こうして、義昭を中心にふたたび反信長包囲網が形成され、その一翼として本願寺も戦いを開始したのである。

七月、毛利の武将児玉就英らは、水軍を率いて大坂付近の木津河口に来襲して信長の水軍を撃破し、大坂に兵粮《ひょうろう》を搬入した。すでに五月、毛利側が籠城中の大坂に兵粮を搬入するとの噂があり、信長は淡路の安宅《あたか》信康に関船を率いて追い返すよう命じていた。しかし村上氏、あるいは鎌倉時代以来の水軍を誇る河野氏など、瀬戸内水軍を動員した毛利勢は強く、大坂湾の制海権はとりあえずは毛利勢が確保したのである。毛利領内は真宗門徒の多い地域であり、このときの軍功によって、本願寺門跡から阿弥陀《あみだ》仏の絵像を拝領したとの伝承を伝える武士もいる（『萩藩閥閲録』）。おそらく毛利水軍のなかに、少なからぬ本願寺門徒がいたのだろう。

大坂の寺内町

『信長公記』は、本願寺のあった大坂の地について、つぎのように記している。

そもそも大坂は、凡そ日本一の境地なり。その子細は奈良、堺、京都にほど近く、ことさら淀《よど》、鳥羽《とば》より大坂城戸口まで、船の通い直にして、四方に節所《せつしょ》（難所）を抱え、北は賀茂川、白河、桂川、淀、宇治川の大河の流れ、幾重ともなく、…大坂の腰まで三里四里の間、江と川と続いて渺々《びょうびょう》と引き廻し、西は滄海漫々《そうかいまんまん》として日本の地は申すに及ばず、唐土《とうど》、高麗《こうらい》、南蛮《なんばん》の舟、海上に出入り、五畿七道《ごきしちどう》ここに集まり、売買利潤、富貴の湊なり。隣国の門家馳せ集まり、加賀国より城作を召し寄せ、方八町に相構え、真中に高き地形あり。ここに一派水上の御堂をこうこうと建立し、…仏法繁昌の霊地に在家を建て、甍《いらか》を並べ、軒を継ぎ、…遠国波島より日夜朝暮仏詣の輩、道に絶えず。

…

大坂という町の姿が、余すところなく述べられている。第一に淀川・大和川などが大坂湾に流れ込む河口の、攻めにくい水郷地域にあり、水上交通の便に恵まれて国内ばかりか海外の商船が入港するという自然の立地条件である。第二に、全国の物資が集まり、繁栄している商業都市としての姿である。第三に、門徒らが集まって防御施設を備えた寺内町《じないまち》を拵《こしら》え、諸国の門徒が参詣する宗教都市としての姿である。

天文年間（十六世紀中葉）にも大坂に中国船が入ったと宗主証如《しょうにょ》の日記に記されており、おそらく堺に匹敵するような、代表的な経済的中心地の一つであったのであろう。いっぽう、大坂は本願寺を領主とし、その下で町民が行政を行ない、周囲の海・川という天然の防備に加えて、土塁・塀などを巡らした防御施設を備えていた。本願寺という寺院を中心として、住民の手によって自衛される自治都市、歴史学上寺内町とよばれる都市であった。

寺内には、北町・南町・西町・北町屋・清水町・新屋敷の「六町」と総称される、大坂発祥以来の町があり、これに加えて檜物屋町・青屋町・造作《ぞうさ》町・横町などの新町があった。そして、それぞれ町は町民の結成した住民組織をもっていた。住民組織は「宿老《しゅくろう》」（主要メンバー）と「若衆《わかしゅう》」（一般メンバー）との二つの身分によって運営された。この住民組織

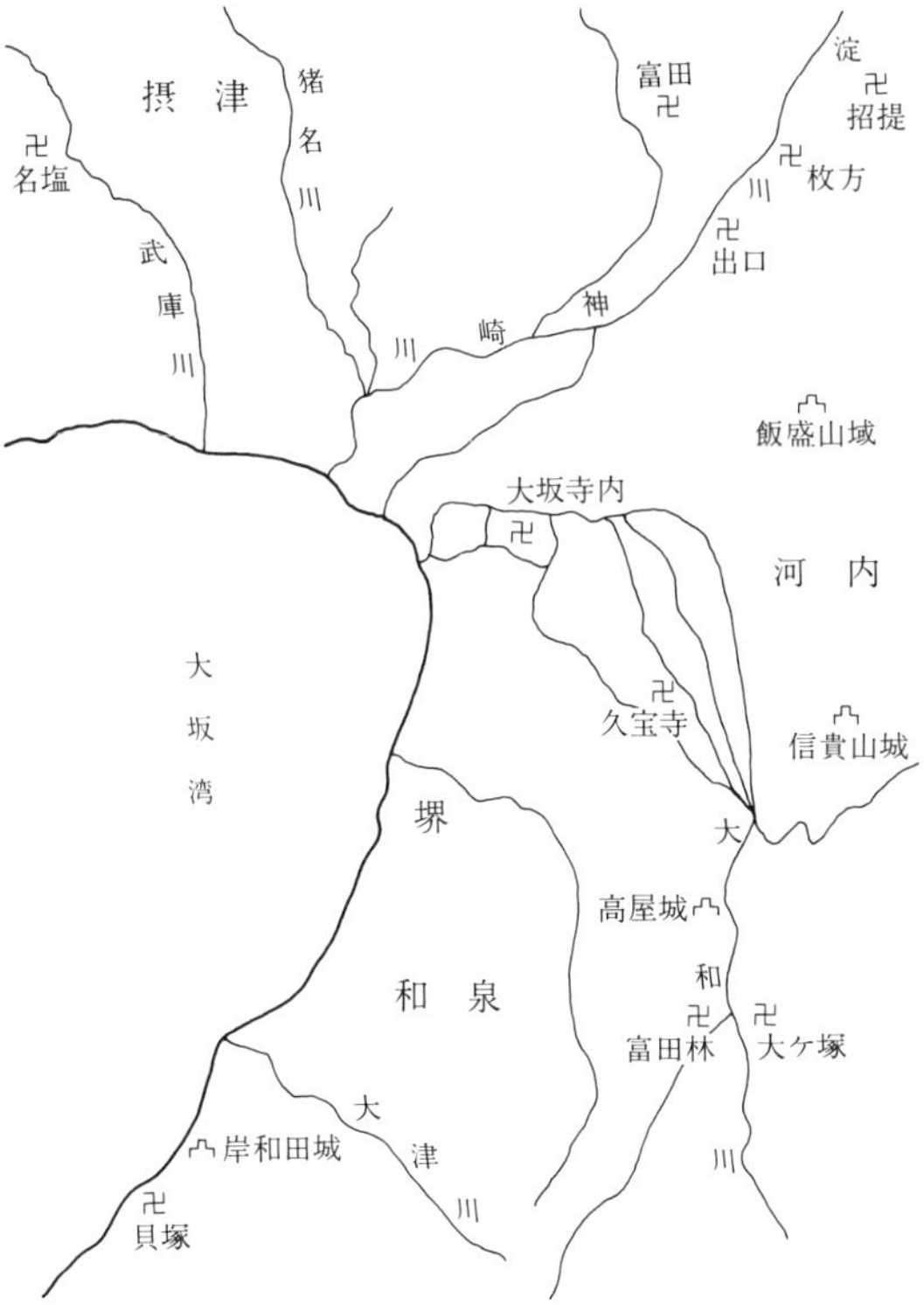

15　寺内町分布図

注　本図は『シンポジウム日本歴史 9　土一揆』（学生社、1974 年）に掲載された、峰岸純夫氏が作られた図をもとに作成した。

の手で「町役」が個々の住民に賦課《ふか》され、またこれらの住民組織が連合し、その手で大坂の祭りや勧進能などのイベントも行われるなど、町民による自治が行なわれていた。

いっぽう、寺内には番屋《ばんや》があり、本願寺が発する町掟《まちおきて》が掲げられるなど、本願寺の領主支配の拠点となっていた。ここには加賀・伊勢・紀伊など諸国から上番した門徒が常駐して町衆とともに寺内警固と治安維持に当たっていた。本願寺は、領主として住民間で処理しきれなかった訴訟を裁き、警察権を掌握していた。寺内町には、本願寺門徒でない他宗派の住民もむろんのこと存在したが、本願寺を領主と認める限りで、門徒と同じような住民権をもちえたと考えられる。

大坂には、守護大名から伝統的に認められてきたさまざまな特権があった。諸役免許（無税）、不入（治外法権）、楽座《らくざ》（すべての商人に営業権を開放すること）、徳政免許（政府による徳政が行なわれているときでも、寺内住民にかぎり債権が保護されるもの）など、寺内特権とされる諸権限である。これらの権限が、大坂の商業都市としての繁栄を保障していた。

毎年諸国の門徒が参詣し、そのおりの混雑で圧死者が出るほどであった。しかもそのとき圧死することを無上の幸福と考えて、わざわざ参詣者の列の間に倒れる者もあった、とイエズス会の宣教師が記している。諸国門徒の崇敬を集める宗教都市としてのありさまが窺える。これらの門徒の参詣や喜捨《きしゃ》がまた、大坂の繁栄をいやがうえにも増したことは想像にかたくない。織田信長が大坂の寺地を望んだところから石山合戦が起こった、という伝説には、このような現実の背景があった。

籠城のすそ野

それではこの大坂籠城に、門徒たちはどのような形でかかわっていたのだろうか。まず図の16をみていただきたい。ここには合戦のために、それぞれの国の門徒がどのような寄与をしたかが、確実な史料と伝説との二つのデータによって表示されている。番衆を大坂に派遣したもの、鉄炮・弾丸・焔硝《えんしょう》など武器を送ったもの、あるいは金銭・兵粮などを送ったもの、などである。

これによると、番衆を送ったことが確実な国だけでも、摂津・河内・大和・和泉・近江・越前・加賀・能登・越中・越後・美濃・尾張・相模・武蔵・紀伊・阿波・讃岐・伊予・備後・安芸《あき》・石見《いわみ》の諸国をあげることができる。これに番衆を送ったという伝説の残る国を加えると、佐渡・信濃・甲斐・伊豆・丹波・播磨・備前・豊後・筑後・肥前が加わり、全体で三二ヵ国となる。

全体として、畿内・北陸・東海を中心に日本六六ヵ国の約半数の国の門徒が石山合戦にかかわっていたことになる。当然ながら新聞・ラジオ・テレビなどの大規模な商業ジャー

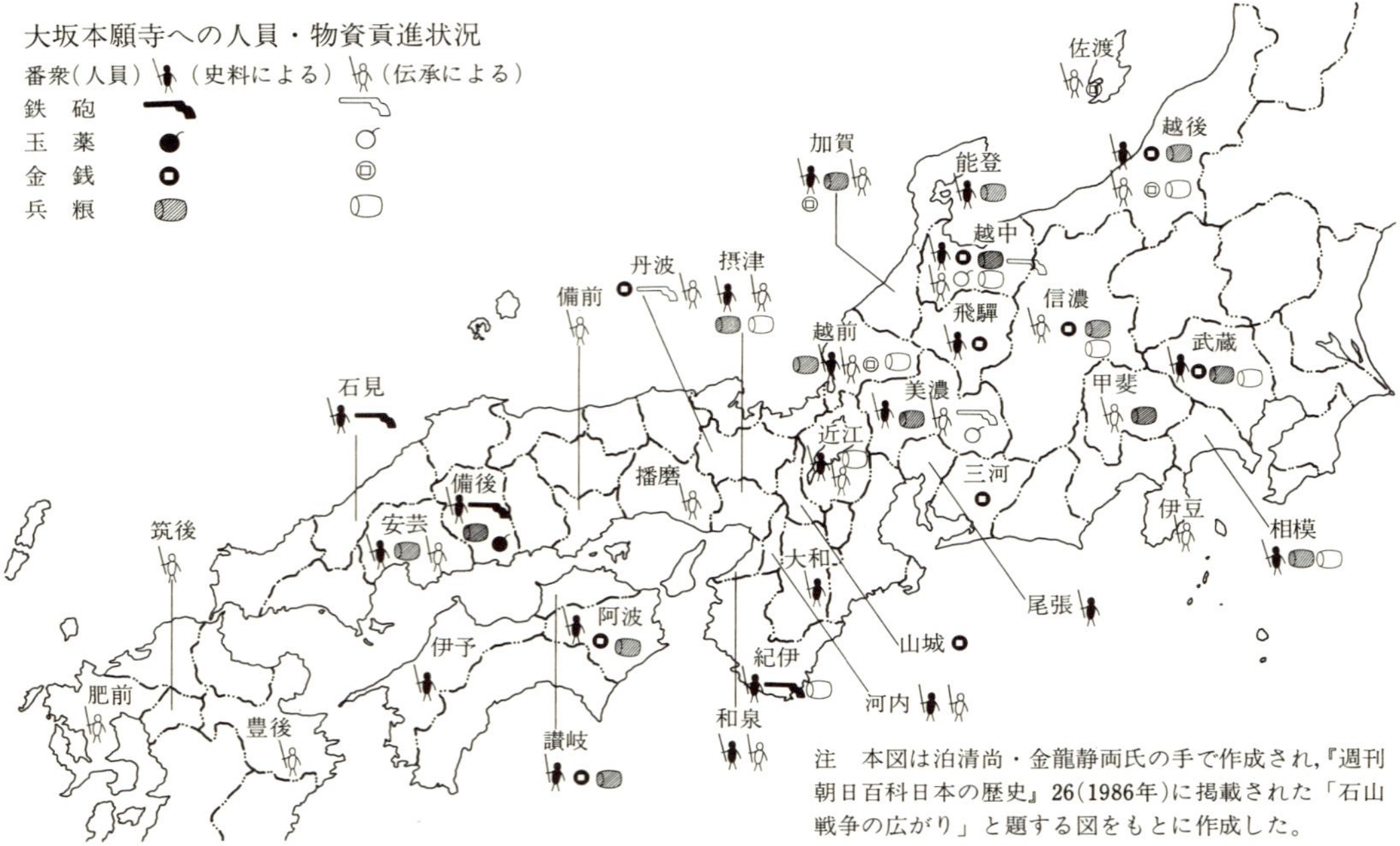

注　本図は泊清尚・金龍静両氏の手で作成され，『週刊朝日百科日本の歴史』26(1986年)に掲載された「石山戦争の広がり」と題する図をもとに作成した。

***16*　石山合戦の裾野**

ナリズムのない時代である。そのような時代に、わずか一〇年ほどの間に二〇を越える国で、一つの政治的事件が問題となった、そのこと自体が容易ならぬことといえよう。

しかも門徒たちは、番衆という軍事的支援や、武器・弾薬・兵粮などの物質的支援という直接的な形以外、もっと多様な形で合戦にかかわったと思われる。たとえ動員には応じず、日常の暮らしをしていても、あるいは心ならずも織田軍に従軍したとしても、門徒たちは自らが門徒であることを忘れることはなかった。通常の史料からは分からない、このようなかかわり方について、伝説の助けをかりながら探ってみよう。合戦の約一〇〇年後、香川正矩・宣阿父子の二世代にわたる丹念な作業によって編纂された史書『陰徳太平記《いんとくたいへいき》』の叙述が、恰好の手がかりとなる。

…天正四（一五七六）年、前述の大坂城戸口付近における戦いの際のことである。織田信長自ら指揮し、羽柴・柴田などの名うての武将を加えた大軍が猛攻を加えていた。大坂の一揆方はようやく戦況不利に陥っていったころ、本願寺宗主顕如が紅《くれない》の衣に身をつつんで高櫓の上に姿を現わした。天台・真言をはじめとする真宗以外の宗派の者たちは「あれ、射伏せよや」とばかりに鉄炮を打ちかけたが、弾はとどかない。

ところが織田軍のなかにいた「真宗門徒」たちは、顕如の姿をみるや、たちまちに地に跪《ひざまづ》き、武器を捨て、やおら後生《ごしよう》助け給えと念仏を唱え始めた。そのおりもおり、轟然と響く寺内の早鐘とともに、紫の絹に「南無阿弥陀仏一心不乱」と書かれた軍旗が閃《ひらめ》くや、城内の一揆勢はそろって打って出て、あっという間に戦況は逆転した。…

事実を伝える断片的な史料に比べ、伝説の世界はまことにスリリングである。いま少し『陰徳太平記』の語るところをみよう。

…戦況は逆転し織田軍は退却を始めた。そのころ大坂の周辺には近郷の門徒らが集まっていたのである。志は大坂にあるものの、自分が籠城に加わったら妻子はどうなるのだろうか、年老いた両親はどうなるのだろうか、と思いとどまった彼らではあった。だが、大坂の方をみて戦況やいかに、と心配でならず、やがて二〇人、三〇人と連れ立って大坂近辺にやってきた者たちが集まり、到頭その数は一万を超えた。

これらの者たちが、退却する織田軍に棒や竹竿、あるいは鎌・斧というような得物で打ってかかった。さしもの織田軍も退却中のことゆえ、臆病風にふかれ、竿や棒も槍や薙刀《なぎなた》にみえたのだろうか、算を乱して逃走し、究竟《くつきよう》の兵士にも討ち取られる者が出た。門徒のなかには首を取って、鎧や槍・薙刀を奪う者もいた。邪見放逸《じやけんほういつ》にして本願寺に戦いを挑んだ信長公は、まことに諸仏の冥罰を受けたのであろう。…

以上、長々と『陰徳太平記』の記事を紹介したのは他でもない。ここには「城中の兵」すなわち籠城した門徒に加えて、籠城しないまでも「志はある者」、または織田軍に従軍してさえ、顕如には弓を引くことのできない「真宗門徒の敵」が描かれているからである。彼らは直接に一揆に参加はしない、あるいはできない。しかしそれぞれの形で、結局は石山合戦にかかわっていることがわかる。

たとえば「志はある者」は村にいながら、ないしは野次馬を決め込みながら、敗走する織田軍にゲリラ戦を仕掛ける場合もある。そして敗軍を襲い、武器を、場合によっては首をも奪うゲリラ戦は、藤木久志氏の指摘のように、村住民の戦闘の作法として公然と認められ、つねに行なわれてきたものである。また、わざわざ弾丸を抜いた銃を大坂に向けて発砲した門徒の兵士の話、織田軍に従軍しながら大坂の城を射ないために「白犬衆《しろいぬ》」（城射ぬ衆）とよばれた門徒兵士の話なども残されている。

戦乱の世に一般庶民が従軍するのは、大名の軍勢であれ、一揆の軍勢であれ、主君の命令か、世間の義理か、自身の利益によるか、いずれかの場合がほとんどであろう。その場合いかに親しい者同士とはいえ、敵味方に分かれてしまうのも乱世の習いである。

だから親兄弟の間ならともかく、対立する両勢力のいずれにつくか、という選択にのぞんで、自身の利害以外の要素で煩悶《はんもん》するなど、通常はおよそ詮ないことにちがいない。何せ強い大将につき、強い領主の加護を願わざるをえない戦乱の時代なのだから。生存のために、愛情も友情も信条も、能う限りドライに割り切るのは当然である。だがそういう時代に、本来門徒である以上、あくまで信長方につくべきではなく、本願寺方であるべきだという自身の帰属が、これほど深刻に意識されたこと自体、希有のことではないかと思われる。

おそらく石山合戦が通常の戦闘とちがい、無名の、そして無数の門徒たちに、一生を賭けた選択として、従軍か否かを迫ったからではないかと想像される。石山合戦は、あとで詳しく述べるように、後生の救済あるいは浄土往生の可否を迫るものだったと考えられるからである。後生の救済は、当時無名の人びとにとっても、人生の目的となっていたものの一つであり、このことが石山合戦に希有の特徴をもたらしたと考えられる。近世に入ってからも、説教とともに談義によって語り継がれた石山合戦は、その意味で門徒の魂にかかわる戦争であった。

動員の論理

本願寺は諸国の門徒へ檄文《げきぶん》を飛ばし、籠城への参加を、また支援を下知《げち》しました。籠城戦という、この困難な時期に門徒たちは骨を砕き、身命を惜しまず、忠節を尽くせ、というのが宗主の檄文の趣旨である。さきの「一揆蜂起の背景」のなかでみたように、そうすれば門徒たちの願いである浄土往生がかなう、とは宗主はいわなかった。そもそも親鸞の教えによれば、浄土往生は信心決定のみが可能にすることである。信心がたしかである以外、他のいかなる仏への寄与も凡夫《ぼんぶ》の身では往生の助けとはならない、というのが教えの概要である。

極端にいえば、石山合戦に従軍して討死しようと、信心のない者は決して往生できないのである。たとえば顕如は、美濃門徒に宛てた消息のなかで、多くの人びとが困難な合戦のなかで討死したことはまことにいたわしく、その忠節に感じいる他はない、と述べている。だが、その同じ消息の後半には、かく無常の人生であるからこそ生きているうちに一刻も早く信心決定することが必要なのだ、と述べているのである（『長久寺文書』）。従軍して討死することは本願寺への忠節ではあっても、浄土往生とは別のことである。それは、生きている間に仏法を嗜《たしな》み、信心決定することによって果たされるべきことである、というわけである。

だから本願寺が門徒に従軍を要求するのは、やはり「一揆蜂起の背景」でみたように、報恩謝徳《ほうおんしゃとく》のためである。凡夫であるわれわれ門徒に信心による浄土往生という、まことにありがたい教えを伝えた親鸞《しんらん》の恩は何にも換えがたいものである。いやしくも人間である以上、恩返しのためにはいかなることをもしなければならない、というわけである。

その最大の恩返しは、親鸞の開いた仏法が栄えること、いい換えれば親鸞の仏法を諸国の信者に発信する親鸞の家（すなわちその子孫たちが維持している本願寺）が存続するために尽くすことである。だから、本願寺滅亡を意図する織田信長の攻撃に対して、身命を賭して戦うことが最高の恩返しになる、これが本願寺側の論理である。

恩返しを怠った場合にも、浄土往生は信心に関することである以上往生できない、というわけではない。ただし、そのような恩知らずは門徒の名に値しないのであり、「一揆蜂起の背景」で述べたように、破門の対象でしかない。だが宗主の破門は、門徒にとって堕地獄同然であった。門徒たちの間では、本願寺宗主は門徒を浄土に往生させるも、地獄に落とすも意のままであると信じられていたからである。当時京都では、いかなる大罪を犯しても、本願寺の坊主が許してくれるなら仏になれる、という噂が囁《ささや》かれていたという。

石山合戦に従軍し、本願寺のために尽くすことは、何よりも親鸞聖人への恩返しなのであり、だから門徒たちは立ちあがらなくてはならない、これが本願寺の論理であった。しかし、本願寺がそういったからといってただちに門徒がいうことを聴くわけではない。たしかに破門の恐怖はある。しかし、内面の信心はそう意のままになるものではない。恐怖の翼にのるだけで、進んで戦場へ赴くとは限らないのである。つぎに、門徒側の論理をみてみよう。

一揆参加の論理

まず、図の17に掲げられた軍旗をみていただきたい。これは、石山合戦へ従軍した門徒が携帯していたものと伝承されているものである。「進まば往生極楽、退かば無間《むけん》地獄」と墨書されている著名なものである。戦って死ねば浄土に行けるが、退却して生き長らえても地獄に落ちる、戦場に赴くことが浄土往生につながる、というのがその趣旨である。

この軍旗が果たして史実を伝えているか否か、詮索の術《すべ》はないが、この旗に記された文句は本願寺門徒のスローガンとして著名なものであり、軍記物などにも登場している。永正の争乱の際のこと、越前朝倉氏と一向一揆との戦いのなかで、一揆方の「和田坊主」は兵卒に向かって「敵の方へ懸かる足は極楽浄土へ参ると思え、引き退く足は無間地獄の底に沈むと思って決して退却しないように」と煽動《せんどう》したと伝えられる。これを聞いた兵卒は「仰せを被るまでもない」と勇み立ったという。ただしこのあとに、いざ戦いとなったら「和田坊主」が真先に逃走した、という落ちが付いているのだが、進まば極楽、退かば地

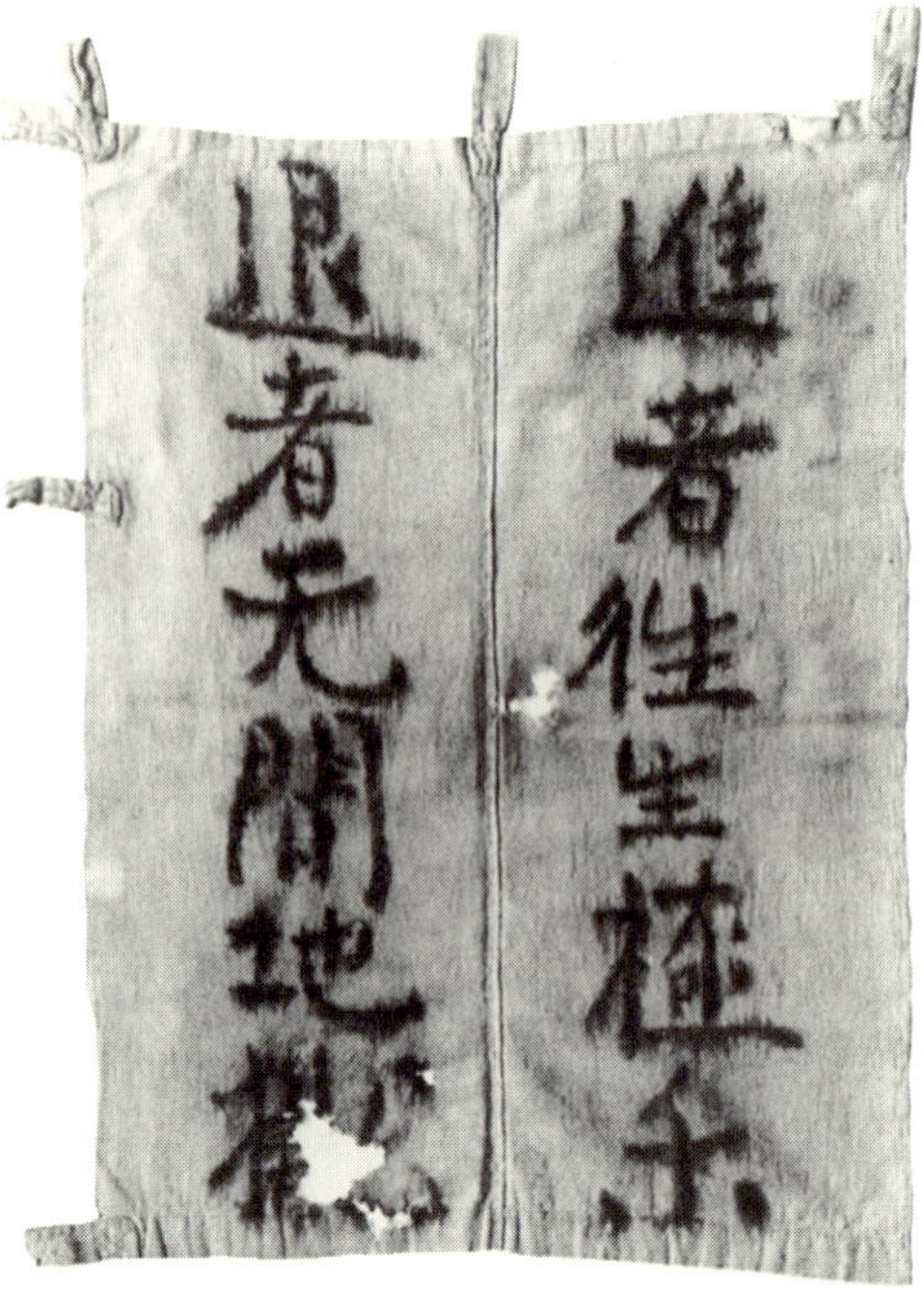

17　伝毛利氏黄旗組軍艦旗（長善寺蔵）

獄のスローガンは相当にポピュラーだったのだろう。

戦う本願寺門徒にとって、戦の勝敗以上に後生善処《ごしょうぜんしょ》こそ重要であるという認識は他にもみられる。同じくこの、朝倉氏と一向一揆との戦いのエピソードである。朝倉貞景が、あるとき戯れにさる会下《えげ》の僧（一寺をもたず、師のもとで学んでいる僧）に尋ねていったという。「われわれは戦の時軍神である八幡大菩薩に祈る。敵方の一向一揆もまた戦である以上八幡大菩薩に祈るであろう。しかしわれわれは勝利し、一向一揆は敗れた。いったい八幡大菩薩の御利益はどうなっているのであろうか」と。僧侶は即座に答えた。「八幡大菩薩はわれわれに対しては現世安穏の利益をもたらし、一向一揆には後生善処の利益をもたらすのです」と。

これは近世初期に作られた笑話集『醒睡笑《せいすいしょう》』に収められたエピソードである。また『陰徳太平記』にも仏恩報謝のために戦死すれば「上品上生《じょうほんじょうしょう》」の往生がかなうと記されており、一向一揆の真実の目的は後生善処である、という認識が明らかに認められる。決して本願寺からは説かれるはずのない、この信念ないし信心は、門徒の間で自立的に育っていたものと考えるしかなかろう。

さきの「一揆蜂起の背景」のなかでみたように、「一向宗」と俗称された本願寺門徒のなかにはさまざまな信心が雑居していた。より正確にいえば、さまざまな信心の持ち主が親鸞の血筋を引く本願寺の権威によって組織されていたのが本願寺教団の実態であった。ここでは、当然親鸞の教理教説にはない信心の芽生える温床があったのである。

しかも興味深いことには、本願寺側が門徒たちに妥協してときおり、親鸞の教説からは出てこないような言説を行なうことがある。顕如の消息のなかに「本願寺の流派がいよいよ繁昌するように、おのおの方は油断なく相談され、忠節を尽くされることが肝要である。そうすれば往生極楽の念願もきっと成就するであろう」と述べられているものがある（『顕如上人文案』）。戦いが往生につながる、という趣旨のものであることは明白である。

顕如がこれを記したのは、不用意に教義から逸脱したのではなく、門徒を動かすためには、門徒たちが最も聴きたい言葉を記す必要があったからであろう。「一揆蜂起の背景」でみたように、享禄・天文の争乱のおり、宗主証如が討死した面々の往生は疑いなし、と述べているのと同じことである。

その意味で、石山合戦はカリスマ的権威をもった本願寺による命令で行なわれた、とだけはいいにくい面がある。門徒たちの間で育っていた信心が発現される機会でもあったからである。宗主の言葉が、門徒側の信心のなかに取り込まれ、門徒たちの信心を裏付けるものとして機能する場合もあった。本願寺教団はその意味で、決して宗主からの言説が上意下達によって浸透するだけの集団ではない。むしろ逆に、それぞれに親兄弟や周囲の世界から受け継ぎ、門徒たち自身のなかで醸成された信心が集約される場でもある。門徒たちは、宗主から与えられた信心とともに、自前の信心によっても信長と戦った。そうでなければ石山合戦など戦えなかったであろう。

反信長戦線の活躍

天正五年（一五七七）二月、紀伊国畠山貞政は雑賀《さいか》および根来《ねごろ》の衆徒と謀って挙兵した。貞政の蜂起の理由は明らかではないが、これより一月前に足利義昭は、前年大坂湾の合戦で活躍した河野氏に、ふたたび水軍を率いて自身の帰京に尽力せよと依頼していることが注目される（『諸家文書纂』）。さらに三月初め、吉川・小早川両氏にも出馬を要請しているので（『小早川文書』）、貞政の挙兵もあるいは義昭が背後にいるのかも知れない。

信長はまず敵勢力への工作を行ない、宮郷・中川郷・南郷の雑賀三緘《みからみ》の衆と、根来寺の杉の坊を味方につけて忠節を尽くすよう約束させた。ついで二月十五日に出陣して、貞政を押し立てる「国中の一揆」を撃破し、佐野に陣をおいて、浜手・山方の双方から追撃を行なった。三月には、和泉国淡輪に在陣して鈴木孫一の拠る雑賀を攻めた。毛利氏はこの情勢のなかで、雑賀救援のために出兵を準備しはじめた。

信長は若宮八幡に陣を移し、根来口で一揆勢力を撃破した。こうして孤立した、雑賀の鈴木孫一・土橋若大夫・岡崎三郎大夫ら雑賀の主だった武士たちは、信長に降参を申し出て、赦免《しゃめん》された。畠山貞政は、岩室の城を落ちて、山中へと逃亡したため、一揆はことごとく静まったという。信長は、佐久間信盛・明智光秀・丹羽長秀・羽柴秀吉・荒木村重らを防備のために残し、近江国安土《あづち》城に帰った。

この年六月、本願寺顕如《けんにょ》は、大坂籠城の状況を諸国の門徒に報告し、本願寺教団が滅亡することのないよう、親鸞への恩返しのためにも本願寺へ忠節を尽くすべきことを説いている。現存するこの消息は写しも含めて越後・武蔵・相模・三河に残っている（『浄興寺文書』『善福寺文書』『相州古文書』『上宮寺文書』）。ことに上杉・北条といった大名が本願寺へ味方していることを力説し、なおいっそう「仏法再興」の志を励ますよう説諭している。

八月に、雑賀党はふたたび兵を挙げ、三緘の衆を襲ったことが知られるが、その結末は不明である。

閏七月になると、義昭のかねての上洛命令に答えた上杉謙信が動き出し、長続連の守る七尾城を攻めた。八月、信長は七尾城救援のため、柴田勝家を総大将として滝川一益・羽柴秀吉・丹羽長秀・斉藤新五・氏家左京亮・前田利家・佐々成政らを派遣した。しかし九月、遊佐続光・温井景隆らの寝返りもあって、七尾城は陥落した。その余勢をかった謙信の軍勢と織田軍とが手取川付近で激突し、織田軍は大敗を喫し、大聖寺付近まで防衛線を後退させ、勝家は越前に戻った。

八月に大坂本願寺と対峙する天王寺の砦を守っていた松永久秀父子が突然反逆し、砦《とりで》を引き払って大和国信貴山城に立て籠った。これに対して、信長は松永の人質として差し出されていた二人の子供を京都で処刑した。そして九月、長男の織田信忠を信貴山城攻めの総大将として派遣し、先鋒として明智光秀・長岡藤孝・筒井順慶らに松永一味の片岡の城を攻めさせた。十月、信忠を総大将として、信貴山城に総攻撃をかけ、松永久秀は自殺、城は陥落した。

いっぽう、羽柴秀吉は信長の命を受けて中国方面の総大将として出陣し、以後、天正十年の本能寺の変まで毛利との抗争を展開することになる。

三木城・在岡城の盛衰

淡路岩屋の防備

宇喜多直家の属城播磨国福原城を攻略した羽柴秀吉は、さらに上月城を包囲して天正五（一五七七）年十二月、これを陥落させて尼子《あまこ》勝久・山中幸盛を配備した。このような織田方の動きに対して、毛利側もまた防備体制を固める。天正六年正月、毛利輝元は粟屋元種を摂津木津に派遣してここを防備させ、粟屋与十郎・荒川又三郎・福井源右衛門・内藤七郎右衛門らをともに防備のため派遣した。さらに二月、児玉就英を淡路国岩屋《いわや》城に派遣して防備させた。海陸両面の防備を固めたのである。

これに答えて本願寺もまた、紀州雑賀《さいか》門徒を岩屋城に派遣して、毛利勢と共同で防備させた。だが中国勢とは、国も、気風もちがう紀州門徒が、そつなく共同作戦に従事できるか否か心配だったのであろう。顕如《けんにょ》は紀州門徒に宛てた消息において、中国勢と喧嘩《けんか》・口《こう》論《ろん》することを厳禁している。

喧嘩・口論が起こることは「仏法の一大事」であり、理由如何を問わず紀州衆側を破門する。また、紀州衆の内輪で起こった喧嘩・口論については双方とも破門する。このように宣告したうえで、「万端堪忍《かんにん》を致して」忠勤を励むことが親鸞《しんらん》への恩返しである、と説いている（『顕如上人文案』）。

この顕如消息には、筆頭家老である下間頼廉の添状がある。そこでは、たとえいかなる忠節（戦の手柄）があっても、内部の喧嘩などが原因で、毛利と本願寺との不和となったら一大事である、だから「堪忍」が必要だと説かれている（『鷺森別院文書』）。

この、喧嘩・口論を「堪忍」するとは、じつは戦国大名のもとで戦う当時の武士も等しく甘受すべき軍隊の掟、喧嘩両成敗法というものであった。もともと中世の武士は自分や家族・親類・家来らが被《こうむ》った被害や恥辱に対しては断固復讐する、自分や自分の身内の被害には命懸けで報復する、というのが武士の嗜《たしな》みであると長らく考えてきた。一人前に刀を指しているのは、そのような不文律に殉じる名誉をもつことの証《あかし》であり、罵《ののし》られたり打《ちょう》擲《ちゃく》されたりしても「堪忍」するなど臆病者のやることでしかなかったのである。

ところが戦国時代を境に、このような考え方はがらりと変わってしまう。戦国大名は戦に強くなければならず、そうでなければ領民にそっぽを向かれて滅びるしかない。そのためには大名に対し、絶対的に忠義な家臣を大量にもたなければならない。この緊急の必要を考えたとき、これまでの武士の嗜みは必ずしも、歓迎すべきものではない。

まず、絶対的に忠義な武士というからには、武士が命懸けの復讐によって守ってきた身内、すなわち家族・親類・家来への信義以上に、大名への忠義を重くみるような武士でなくてはならない。また、このような復讐は家中の結束をしばしば取り返しがつかないほど乱すことがある。だから復讐を行なうことを、武士の絶対の資格と考えるような武士は、必ずしも好ましいものではない。むしろ被害や侮辱にも、主君の家のためを思って、じっと我慢して復讐を思いとどまるほど忠義な武士の方が好ましい。

このような、絶対的忠義の慣習を作り上げるための施策の一つとして出てきたのが喧嘩両成敗法である。喧嘩・口論に及んだものは、理由の如何を問わず両方とも成敗する、たとえ喧嘩を売られた側でも同じこと、むしろ恥を忍んで堪え、大名に訴えることこそ正しい対処である、というのがその趣旨である。

伝統的観念に著しく逆らうこの法は、当初は武士たちの大きな反発を受けざるをえなかった。そもそも復讐もできない弱い武士に合戦ができるのか、この点を武士たち自身が納得するためにもかなりの時間がかかったであろう。しかし、じょじょに武士社会に浸透し、戦国大名が制定した分国法のあちこちに登場するようになる。そして、石山合戦においても「仏法のために」宗主の喧嘩両成敗法によって統制された門徒の姿がみられるようになるのである。

籠城の男女を赦免せよ

二月下旬に、羽柴秀吉は播磨国書写《しょしゃ》山に上り、陣を構えた。ところが配下で行動していた別所長治が突如反旗を翻し三木城に籠城した。毛利方の海陸双方からの作戦に対応し、信長は四月に大坂本願寺へ軍勢を派遣した。木津の砦を攻撃することが目的であったが、信長自身が出馬するとの噂もたち、本願寺は紀州雑賀に三〇〇人の鉄炮衆の動員を依頼した（『岡崎御坊文書』）。四日、信長の長男信忠を総大将にして、次男信雄・三男信孝・津田信澄・滝川一益・明智光秀・蜂屋頼隆・丹羽長秀らが近江・若狭・尾張・美濃・伊勢の軍勢を率いて大坂を攻撃した。

信長が明智光秀・長岡藤孝に対して与えた指示は、以下のようなものである。第一は、畑の麦を薙《な》ぎ捨てて包囲作戦を油断なく遂行せよ、第二は、籠城している男女は赦免する旨、口々に立札を立てよ、ただし坊主ら戦のできる者は赦免してはならない、というものである（『細川家文書』）。山門・長島・越前の例からも推測できるように、この籠城の男女とは、戦禍を避けて本願寺の保護を求めてきた大坂および周辺の住民が大部分であろう。彼らを赦免するのは、山門・長島・越前とはまったく異なる対応であり、領主本願寺の顔を立てるものである。

信長が一向一揆に対して虐殺・殲滅のみではなく、状況に応じて多様な対応をしてきたことは、さきの「門徒の蜂起」のなかでくわしく述べたが、ここにもその一例をみることができる。

信長が本願寺の顔を立てた理由はさまざまあろうが、その背景にいる諸国門徒が視野に入っていたことはまちがいない。信長のこうした対応がまた、本願寺は容認してやるという、諸国門徒へのメッセージとなり、広まったであろうことも前述の通りである。信長と一向一揆との全面対立を前提にして歴史をみていく見方が、いかに不十分で片手落ちなものか、ここでも明らかとなろう。おそらく信長は、本願寺教団全体を不倶戴天《ふぐたいてん》の敵として扱おうとは考えていなかった。

それにしても、この硬軟両様の見事な使い分けはどうであろうか。信長といえば、山門焼討をはじめとして、広い視野に立ったバランスをやや欠くものの、時代が追いつけないような革新的政策を断行する革命児というイメージが定着している。だが、一向一揆との抗争をみる限り、そのようなイメージはまったくみられない。むしろ、うんざりするほど常識的な方法による大衆操作に長けた、民衆の恐ろしさと限界とを知悉《ちしつ》した老獪《ろうかい》な政治家の姿が浮かんでくるばかりである。

在岡城の反乱

ところが、ここで反信長同盟にとって不慮の災難がふりかかった。北国から織田領国を脅かしていた上杉謙信が、三月十三日死去したのである。四月、まだこのことを知らない小早川隆景と吉川《きつかわ》元春とは、加賀一向一揆に対して、上杉謙信とともに信長の後方を突くよう要請している。このころ播磨における戦況は、別所長治の反乱によって毛利側に好転しており、信長勢は摂津・播磨の国境に釘付けにされていたのである。それだけに謙信の死去によって、毛利方の目算が大きく狂ったことはまちがいない。

以後、越後は謙信の後継者の地位をめぐって、景勝と北条氏から養子に入った景虎とが抗争を展開し、その抗争は上杉領国を巻き込んだため、織田方にとって北からの脅威は消滅した。景勝が景虎を滅ぼしてふたたび加賀との連繋を宣言し、来たる七月の軍事行動を約束したのは、翌七年四月のことだった。

さらに六月末、信長の武将九鬼《くき》嘉隆は、伊勢湾から大坂湾へと進出し、熊野浦で雑賀党の水軍と交戦して撃破した。このとき活躍したのは、信長の命によって建造された、五〇〇〇ほどの人数が乗船可能な、しかも鉄製なので鉄炮の弾が通らない軍船であった。天正四（一五七六）年七月の段階では圧倒的に有利だった毛利水軍も、ここにいたって強敵に脅かされることになる。

本願寺顕如は、長男の教如《きようによ》を安芸《あき》へ派遣して、毛利からいっそうの協力を行なう旨約束を取り付けた（『顕如上人文案』）。さらに、織田方の攻撃を受けていまや劣勢に立った播磨国神吉城が落城した場合に備えて、英賀・高砂《たかさご》を警固し海上交通を確保するよう紀州門徒に命じている。だが七月二十日、神吉城は落城、八月には志方城が落城した。

十月に顕如は諸国の門徒に向け、兵粮搬入のため尽力するよう消息を発しており、越前・三河などにこの消息は伝存している（『陽願寺文書』『上宮寺文書』）。ここでまた、思いがけない事態が起こった。信長の武将として中国攻めや大坂攻めに従事していた荒木村重が反逆し、本願寺と同盟を結んだのである。十月十七日、本願寺顕如は荒木村重父子に起《き》請文《しようもん》を提出し、「湯にも水にも」一体となるべく末長い同盟を誓った。

その誓約のなかで顕如は、荒木氏の領地に関しては何も干渉しない、百姓はどこでも「守護次第」なのだから、こちらからあれこれ煽動《せんどう》するようなことはしない、と述べている。「百姓」は「守護次第」ないし「草の靡《なび》き」であり、守護が強ければしたがうものなのだから、本願寺が百姓を煽動し、大名の支配を妨げるようなことはしない、とは口癖のように繰り返された本願寺の言い分だった。

だが、大名の側は本願寺に対してつねに、門徒に対する権威を利用して、百姓を煽動するのではないかという警戒心を懐いていた。そういう背景もあって、両者の盟約にもわざわざこの点が確認される必要があったのだろう。

勅命講和の試み

信長は、荒木村重の謀叛の報に衝撃を受け、松井友閑・明智光秀らを使者として村重に実否を糺し、謀叛の報が誤りであるならばふたたび出仕するよう勧誘したが、村重は聴かない。十一月三日にも光秀・友閑・羽柴秀吉を派遣して慰留したが、ついに聴き入れなかったという。村重の寝返りによって、摂津国在岡《ありおか》城(兵庫県伊丹市)が毛利方の拠点となれば、織田方の戦略には大きな誤算となる。信長は天皇を動かし、毛利氏との講和を画策した。

十一月四日、庭田重保・勧修寺《かじゆうじ》晴豊の二人の勅使が平野へ下向し、本願寺へ信長との和睦を勧告した。本願寺の言い分は、たとえ本願寺が赦免されたとしても、毛利輝元が赦免されるのでなければ勧告は受け入れられないというものであった。本願寺は、毛利氏との友好関係によって、今日まで戦い続けてきたのだから、自身だけ和睦するというわけにはいかない、と事情を説明した。この返事を受けた朝廷側は、毛利へも同じく勅使を派遣すること、二十六日に出発する際には、織田軍が丹波越の通路を警固することを決定した。

だが、この勅使は派遣されなかった。戦況が織田側に有利に逆転したからである。まず十一月早々、織田水軍の武将九鬼嘉隆が、大坂付近の木津河口に攻め寄せてきた毛利の水軍を、大船六艘を駆使して撃破した。こうして大坂湾の制海権は織田方に掌握され、本願寺は毛利からの支援を絶たれて孤立することになった。

さらに十一月九日、信長は荒木討伐のために摂津へ出陣し、滝川一益・明智光秀・丹羽長秀・蜂屋頼隆らに茨木城を攻撃させた。そして自分自身は、長男信忠・次男北畠信雄ら一族と、前田利家・佐々成政らを率いて、荒木軍の一翼として高山友祥の守る高槻城を攻撃した。

高山友祥は、キリシタン大名高山右近《うこん》の名で著名な大名である。信長は右近が「だいうす門徒」であることに目を付け、右近に降伏するよう説得することをイエズス会宣教師のオルガンティーノに命じた。こうして高山右近は、織田方に帰参し、荒木軍の一角はつき崩された。さらに二十四日、荒木方の茨木城主中川清秀が織田方に寝返った。もはや、わざわざ中国へ下向する勅使を警固する必要もなくなったわけである。

荒木一族の虐殺

天正七年三月、織田信長と長男信忠は、摂津在岡城を攻めるために出陣し、古池田に陣をとり、諸将に差配《さはい》を行ない、四方に砦を築いた。そのうえで丹羽長秀・蜂屋頼隆・長岡藤孝・池田恒興・中川清秀・稲葉貞通・滝川一益・高山右近（友祥）らに一二ヵ所の砦の守備を命じて五月に帰京した。

このころ本願寺家老の下間頼廉は、毛利氏の家臣三上元安に、毛利輝元自身が出陣するとの報を聞いて心待ちにしている旨を述べ、さらに兵粮の搬入を依頼している。この三上元安は顕如の病気見舞いを進上したり、顕如の「御掛字」（名号のことか）を所望《しょもう》しており（『萩藩閥閲録』）、本願寺門徒と考えられる。前述したように、毛利家中には門徒の武士が少なくなかったと考えられ、ここにも、大坂籠城を支えた彼らの姿を見ることができる。

同じころ荒木村重も桂元将に書状を送り、小早川隆景に淡路岩屋への出兵を促すよう依頼している。このころ在岡城はじょじょに追い詰められていたものと思われる。九月二日、村重は五、六人の側近を連れてひそかに在岡城を捨て、尼崎城へ入った。十月、滝川一益は荒木村重の兵の内応によって、上﨟《じょうろう》塚《づか》の砦を落とし、岸の砦の渡辺勘大夫を処刑し、鵯《ひよどり》塚を守備していた野村丹後に対しても、降参を許さず処刑して首を安土に送った。さらに城中から行なわれた助命の嘆願も受け付けず、包囲網を絞っていく。もうすぐ山門・伊勢長島・越前でみてきたのと同じような光景が現出しようとしていた。

十一月に入ると、荒木村重の一族である荒木久左衛門らが、尼崎にいる村重を説得し尼崎・花隈城を進上させるとの条件で、城中に人質として妻子を残して城外へ出た。ところが、彼らは二度と在岡に帰ることはなかったのである。人質として城中に見捨てられた一族の妻子兄弟らは「佞人《ねいじん》懲《こ》らしめのため」に信長の手で全員処刑された。

久左衛門の息子や村重の娘など、荒木一族の者は京都で処刑された。荒木五郎左衛門という武士が、自身の命を引き換えに妻の助命を願い出たが許されず、夫婦ともども処刑されたと『信長公記《しんちょうこうき》』は伝える。ついで尼崎で、女たち一二二人が磔《はりつけ》にされた。鉄炮で射殺される者もあり、槍《やり》・薙刀《なぎなた》で刺殺される者もいた。さらに、これらの女たちに仕えていた男女合わせて五百十余人は家四軒に閉じ込められ、ことごとく焼き殺された。

信長の皆殺し、「根《ね》切《ぎり》」は決して一揆など民衆のみに対して行なわれたわけではなく、武士に対しても同様に行なわれた。人質を見殺しにして逃亡するという、戦闘ルールの違反を犯した以上、いわば武士失格の宣告がなされなければならない。一族妻子の命も守れない、武士の風上にもおけない「佞人」のレッテルを天下に宣伝するために、一族・家中の皆殺しが行なわれたことは、山門・伊勢長島・越前一向一揆の場合とほとんど変わらない。信長の皆殺しは、一貫して強いアピール性をもつものであった。

冥罰の代行

そのアピールとは失格宣告である。山門衆徒への僧侶失格の宣告、長島の一向一揆への門徒失格の宣告、越前一向一揆への国主失格の宣告、そして荒木村重への武士失格の宣告である。これらの言い分は、すべて中世末の当時の観念で正当化できるものであり、その意味では何ら目新しいものではない。

もし信長の個性が目立つとすれば、皆殺しという行為そのものであろう。荒木一族および家中の場合には「不憫《ふびん》に思し召され候といえども、佞人懲らしめのため」強行した、と『信長公記』は記している。これは信長側の宣伝文句であることはまちがいないとしても、たとえ気が進まなくとも行なわなければならない皆殺しである、という弁明が注意を引く。必要だからやむなく行なったというのである。どうしても荒木村重の顔に泥を塗る必要がある、というのが信長の主張なのである。

なぜそう主張するのか。信長の内面的思想の解明など、この小さなスペースでは不可能であることは承知しつつも、少々詮索してみたい。僧侶失格、武士失格という類の、社会的規範に基づく失格宣告は、あえて個人の手で行なう必要はない、というのが通常の考え方である。失格宣告に値する行為が「世間」に暴露されること自体が、すでに十分すぎる宣告となり、制裁となる、と誰しも思うからであろう。仮りにそのまま放っておいても、『世間』が黙っていない」というわけである。

仮りに世間が黙っていても、死後の「冥罰」がある。人倫の正義に違反した者に対しては人間を超えた存在がバチを当て、死後地獄へ落とすのである。一人一人の個人が、わざわざ手を下さなくても、人間の力を超えた因果応報がある、という考え方は、中世末の当時、現代よりずっと強かったにちがいない。バチの恐怖、地獄の恐怖が人びとに、正義が行なわれることを期待させていたといえよう。ところが信長は、制裁を自身の手で執行している。この点が、当時の人びととしては、あるいはもしかしたら現代人としても、非凡なところである。

なぜ自身で執行するのか。信長は、霊魂の不滅などなく死後には何も残らないと確信していた、というイエズス会宣教師の興味深い証言がある。彼には「冥罰」「地獄」などみえない力、死後の罰など存在しなかったのである。存在しない以上、自身が神として「冥罰」ならぬ「厳罰」を執行しなければ正義が保たれるはずはない。自身が地獄に落とさない限り、悪人が罰を受けるはずはないことになる。

また「世間」などというあやふやなものも、ほとんど信頼していなかったのではないか。世間の力は、あくまで自身の操作があって初めて、有効に発揮されるのである。何度かの大量虐殺によって「世間」を動かしてきた信長は、自分自身の操作によって「世間の顔つきも変わる」ことを熟知していたはずである。

自ら世間を動かし、同時に自らの手によって冥罰を執行する、これが信長の虐殺だったのではないか。信長は、たしかに無神論者だったのかも知れない。だが、そのことによりニヒリストであったわけでもない。世界に正義が行なわれなくてはならない、と堅く信じており、中世人の誰もがなじんできた正義を疑ったことはなかったと思われる。

だがそれは、自身の力による以外に維持できるものではないのである。このような発想の行き着く先は、自身が神になることしかない。事実、信長が自身を神として崇《あが》めよ、と布告したことはよく知られたエピソードである。恐ろしく合理的なのか、恐ろしく傲慢《ごうまん》なのか、ちょっと見当がつかないが、この両者はおそらく本質的に同じことなのだろう。自身の力で世間を動かし、世界を動かせる、と信じこんだ人間が等しく陥った罠《わな》に、信長も陥っていったのかも知れない。

謎の動員令

天正七（一五七九）年十二月、大坂の出城である森口が陥落した。そして翌八年正月、長らく羽柴秀吉の包囲攻撃を受けていた播磨国三木城は陥落し、別所長治は自殺した。前年、宇喜多直家が秀吉に降参して織田方につき、荒木村重の在岡城は落城し、三木城も落ちて本願寺の孤立はいよいよ明白になった。そして、三月初めには織田信長が総攻撃をかけるだろう、との噂がたった。本願寺は諸国の末寺に、一ヵ寺につき一人の鉄炮や弾薬を装備した番衆《ばんしゅう》を、本願寺に上番させるよう依頼した。

家老下間頼廉の署名する御印書《ごいんしょ》（宗主の印を文書の袖に捺印した文書）は美濃国長久寺・近江国誓願寺・美濃国安養寺・石見《いわみ》国満行寺などに残されており、相当な広範囲に動員がかけられたことが知られる。

直接末寺に動員がかけられたのみではない。近江国長浜門徒に対しては、家臣の益田照従が頼廉の奉書《ほうしょ》に添えた書状で、諸国の末寺に番衆上番が命ぜられたことを伝え、長浜門徒団もまた、相応の番衆を上番するよう要請している（『河崎文書』）。この他門徒たちへ通常の「年忌・月忌」の仏事をやめて、一紙半銭の志納金を上納すべく依頼した頼廉の奉書も伝わっている（『三浦周行氏所蔵文書』）。丹波国野々村の門徒には、鉄炮・弾薬・兵粮を確保するために、隠居の身となった尼や入道も志納金を上納するよう、本願寺の家臣から指示されている（『光瑞寺文書』）。

そしてまた、つぎのような下間頼廉の文書も残されている。

わざと申下候。まずまず御所様御堅固に御座候。大慶たるべく候。こなた長々御籠城、諸事不《ふ》如意《によい》推量に過ぎ候。ことに信長来三月初め、当表に至り押し詰め、行に及ぶべき由必定候。しかる時は、御抱様いよいよ御一大事に相究《あいきわ》まり候。御出城数十箇所これあるにより、御兵粮ならびに玉薬《ぎょくやく》以下よろず御払底《ごふってい》の御事に候。しからばそこもとにおいて一紙半銭にかぎらず、この度寸志《すんし》を相励まさるべき事、まことに仏法興隆とありがたく思し召さるべき旨に候。自然当寺不慮候ては、御法流《ごほうりゅう》の破滅、歎《なげ》かわしき御事に候。此の節各々別して馳走《ちそう》を抽《ぬき》んでらるべき事、しかしながら報謝《ほうしゃ》たるべく候。はたまた各々参会の時は、相互に信不信の談合ありて、御掟《ごじょう》のごとく安心決定あるべき事、善知識の御本懐《ごほんかい》に候。広大深遠の御恩徳《ごおんとく》のほど、かたじけなく存ぜらるべく候。名聞《みょうもん》までの心中においてはその曲《きょく》あるべからず候。いよいよ法儀《ほうぎ》油断なく相嗜《たしな》まるべく候。いくえも相意得《いとく》申し下すべきの旨、仰せ出だされ候。よって御印《ごいん》を排さるるところくだんの如し。

刑部卿法眼

頼　廉（花押）

正月廿五日

能　州

坊主衆中

同門徒中

（『本誓寺文書』。原和風漢文）

わざわざ長たらしい引用をしたのは、この文書が、現物をみれば下間頼廉の筆跡でないことは一目瞭然だからである。もっとも、本願寺から発せられたこの手の文書は、地方の有力拠点寺院において何通もコピーされ、門徒たちに配布されるのが普通であった。だから、筆跡が本人のものでないからといって、ただちに本物でないというわけではない。

しかし、写しにしても奇妙な形式のものである。あまり細かく専門的になるので詳細は省くが、たとえば最後に「よって御印を排さる」すなわち宗主が印を捺されたとあるのに、袖に「御判」とか、原書に捺印のある旨をしめす言葉がないのはどうしたわけだろうか。その他いくつかの点から、これは相当に変則な文書と考えざるを得ない。

覆面の指導者

通常の歴史学の考え方でいえば、この手のものは疑わしい史料と考えた方がよいものであろう。だが、仮りにそうであっても、決して歴史の真実を伝えないわけではない。なぜならこれが能登の門徒に対して、来たる三月にあるともっぱら取り沙汰されている織田軍の来襲に備えて、馳走《ちそう》を求めるべく作成されたものである点はまずまちがいないからである。すなわちこの文書は、事実、天正八年正月に行なわれた本願寺の全国的な動員に連動して、何者かの手で作成されたものなのである。

何者が誰なのか、さぐるための手がかりはない。だが、これと同じような「何者か」の動員令はさほど珍しいものではない。後述するように、この年閏三月、本願寺顕如は大坂退去を条件に信長と和睦して紀伊国鷺森《さぎのもり》へ去った。だが、長男の教如はあくまで大坂を守るべく、諸国の門徒に檄《げき》を発して籠城支援を命じた。この際に作成されたものであることは明らかなのだが、形式的には宗主の嫡子が書いた消息とは考えにくい、しかし、教如消息と伝えられるものが残されている。

□□□無事、既に相調《あいととの》い候につき、当寺信長へ渡さるべき分に候。しからば数代の本寺、聖人の御座をかの輩《ともがら》の馬の蹄《ひづめ》に汚さん事、一宗の無念歎きいるばかりに候。それにつきて仏法の威光をもって、なるべき程は当寺相抱えべく思いたつ事に候。この儀さらにもって御門主《ごもんしゅ》に対し、私曲を構ゆる所存にあらず候。ただひとえに当流相続き候て、仏法退転《たいてん》なきようにと思う事に候。もしこの儀違篇《いへん》候わば、第十八願にもれ、聖人の意□に背き、仏祖の照覧《しょうらん》あるべし。予が心中に一味同心《いちみどうしん》の輩は、連署《れんしょ》を加うべきものなり。よって誓詞くだんのごとし。

天正八年閏三月七日　　教　如

（『長安寺文書』。原和風漢文）

これもまた「何者か」が、ある門徒団を教如派として決起させるべく作成したものであることはすぐにわかる。さきの下間頼廉の文書と、その意味では同様のものである。

これらの「命令」が機能しえた場を考えてみたい。さきの「一揆蜂起の背景」のなかで述べたように、宗主の御書をはじめ、本願寺から発せられた文書は門徒の会議において検討され、最終的には受諾するか否かの衆議《しゅうぎ》が行なわれることになっていた。とすると、このような「命令」は、何よりも門徒の衆議の場で力を発揮したものといえよう。

いかにも本願寺から発せられたかに模造された文書は、衆議の場で合意を形成するために大きな貢献をしたにちがいない。このようにみれば、門徒たちはたしかに本願寺の指令によっても動いたが、じつは変則な命令書を作成することのできた「何者か」の力によっても動いたことになる。ここまで来ると「何者か」は特定できないまでも、日常的な会議を構成している門徒団の有力者の一人、という程度の見当は付く。

この「何者か」は、本願寺首脳を装った覆面によって正体を覆われているが、ある意味では紛れもない、石山合戦の真の指導者なのだといえよう。このようにいうと、何か陰謀を企んだ者が、宗主の名を騙《かた》って、あらぬ方向に門徒を煽動したように思われるかも知れないが、そうではない。たとえば、さきにみた下間頼廉の文書は完全に宗主の意向に沿ったものであり、決して私的な欲得ずくの煽動ではない。ただ、本願寺に忠義を致す何者かが勝手に門徒に志納金を上納させることを計画しただけなのである。しかしこのような存在が、たとえば宗主顕如に背く教如を支持するような場合には、さきにあげた教如消息のように、宗主の意図に背いた一揆の命令が作られるのである。

一見したところでは、本願寺教団は宗主の命令いっか、諸国の門徒が一斉に動員令に応じる、という中央集権的な体制を作っていたようにみえる。ところが、少々注意深く見れば、じつは個々の地域教団の指導者たちの、きわめて主体的な情勢判断と意向によって動いていたことがわかってくる。

たしかに、これらの指導者たちの多くは、親鸞の血筋を引く宗主の権威に、表立って逆らうようなことはしない人びとだっただろう。しかしだからといって、決して権威に盲従していたわけではない。というよりも、宗主からの命令を愚直《ぐちょく》に待っているような指示待ち人間に、戦乱の世に地域門徒団を維持するなどおよそ不可能だったにちがいない。相当な範囲の自己裁量が行なわれざるを得なかったし、それを本願寺も黙認せざるを得なかったであろう。彼らの主体性こそが全国的教団による信長との戦いを支えた真の力なのである。

勅命講和

天皇の役割

三月初めと喧伝された織田信長の総攻撃は行なわれなかった。天正七（一五七九）年十二月から、天皇が表に立っての和平交渉が始まっていたのである。信長から正親町《おおぎまち》天皇へ本願寺との和睦を望む旨、奏上がなされたのを受けて十二月、女房奉書《にょうぼうほうしょ》が本願寺に下された。翌八年正月には勧修寺《かじゅうじ》晴豊が勅使として安土《あづち》に下向《げこう》している。こうして三月、信長から本願寺へ和睦の条件が提示された。

この和睦は、織田側が圧倒的に優勢な戦況のなかで、しかも織田側から提示されたものである。普通に考えれば、優勢に立っている側は、和睦を提起すれば有利な条件で戦闘終結ができるのであり、信長の方針はまことに合理的といえよう。事実、故辻善之助氏の

18　正親町天皇画像（泉涌寺蔵）

『日本仏教史』では「信長にとっては、今が時局をまとめるに最も好き機会である。即ち本願寺が困頓疲労せるに乗じ、相当条件を以て和を結ぶことは此際最も策を得たものである」と述べられている。

だが、戦後の歴史学においては、この講和はある意味で不自然なものと考えられてきた。なぜなら織田信長の真意は、一向一揆の温床となる本願寺教団を絶滅することであり、優勢に立った以上、最後の一兵まで皆殺しにするのが信長の当然の立場と考えられてきたからである。それができない何らかの事情があって信長は、わざわざ天皇をかつぎだして講和を仕組んだというのが一般的な見方だった。

ただ、信長と一向一揆とを不倶《ふぐ》戴天《たいてん》の敵と考える見方は相当に一面的で問題の多いものであることは、これまでみてきた通りである。無駄に兵力を損なうより、本願寺に何らかの始末をつけさせて信長に服属を表明させ、そのうえで和睦した方がはるかに信長としては有利であったろう。ただ、やはり残る問題は信長・本願寺の両者だけで行なってこと足りるはずの和睦に際して、なぜわざわざ天皇を動かす必要があるのか、である。

この点については、藤木久志氏の見解がある。氏の見解は以下のようなものである。すなわち、本願寺が信長に「法敵」のレッテルを貼ったために、信長が自称する「天下」の権威のみでは、決起する門徒を納得させることはできない。このため本願寺も門徒も、中世の伝統的な考え方に則って、等しく「仏法」と同程度に尊重している「王法」すなわち天皇の権威を持ち出す必要があった。以上が藤木氏の見解である。

だがこの見解にもやや難点が残る。本願寺が用いる「法敵」の意味は、およそ仏法なるものへの敵対者という深刻な意味ではなく、本願寺への敵対者というせまい意味である。法敵であった武士たちも、結局本願寺宗主に帰依《きえ》した、と記した宗門内の記録もある。だから和平によって「法敵」のレッテルはたちまち消滅することになり、いったん法敵のレッテルを貼られた者は未来永劫に本願寺と和解できない、というようなものではない。

それではなぜか。端的にいって大坂籠城の始まりは、将軍足利義昭《よしあき》の命であった。本願寺側にしてみれば、単なる私的利害によるものではなく、将軍の命を受けた公戦である。事実、天正六年に勅命講和の打診があったおり、本願寺が難色をしめした表向きの理由は、この将軍を擁する毛利氏との盟約だった。だから、将軍を超える権威によって和睦が提示されれば、これに応じる本願寺の顔は立つのである。そうでなくて自ら和睦する場合には、ここまで劣勢に立った以上、刀折れ矢尽きた末の無条件降伏しか残されていない。

もう一つの理由は、本願寺が義昭に義理立てしてきた事情にかかわるものである。本願寺が義昭に従がったのは、教団が存続する保証が必要だったからである。いま、天皇をわざわざ担ぎ出したうえで、信長が和平を勧めているのなら、それは信長が真実、教団の存続を容認していることの証となろう。本願寺は、将軍以上の権威と、将軍をはるかに上回る権力から教団存続の保証が得られることになる。

ようするに、義昭と本願寺との因縁を切断するために天皇の権威が必要だったと、筆者は推定する。以下、ことの推移を見守っていきたい。

大坂退出

三月、織田信長が本願寺に提示した和平条件は以下の三点に要約できる。

まず教団全体は赦免し、末寺《まつじ》も以前同様に地位を保証する。ただし、大坂および出城などは信長側に引き渡すこと、その期限は七月の盆前と決める。さらに、南加賀の江沼・能美二郡は大坂退城ののち本願寺が親織田方の立場をとった場合には返還する。以上である。

教団存続を認める代償に大坂を引き渡すべし、というわけなのだが、本願寺が戦国時代に既成事実として獲得していた加賀の大名としての権限を認めている点が目に付く。

もちろんこの条件は実現しなかった。後述するように、教如《きょうにょ》の反乱という突発事件が起こったために、講和条件は大きく変わってしまったのである。だから加賀二郡返還という条件が、単に本願寺に講和を呑ませるための空約束に過ぎなかったのか、それとも情勢の推移のなかで消滅してしまっただけなのか、いまとなっては確かめようはない。

だが、単に外交辞令としてではあれ、本願寺が加賀の国主であることを認めている点は、越前一向一揆に対する態度と鮮やかな対照をなしており、まことに興味深い。信長が領主として扱った他の諸大名のように、本願寺も大名と認められていることと、大坂籠城の男女が虐殺を免れたこととは、まったく無関係とは思えないからである。

問題は、大坂退城という条件をのむか否かである。本願寺側は、相当に難色をしめしたことと思われる。しかし、大坂退城さえ実現すれば、和平は万端順調に進むのであり、これこそ「仏法繁昌の基」である、という正親町天皇の判断が誠仁親王から本願寺に伝えら

19　教如画像（願泉寺蔵）

れた。さらに追いうちをかけるように、本願寺を赦免する際には、加賀の領主としての地位を認める、という信長の朱印状《しゅいんじょう》が発せられた。

そして閏三月五日本願寺筆頭の家老下間頼廉・同頼龍・同仲之の三名が和平条件を受諾する旨起請文《きしょうもん》を、宗主顕《けん》如《によ》と嫡子の教如とが起請文の趣旨を遵守する旨請文《うけぶみ》をそれぞれ二人の勅使に提出した。本来、顕如と教如とが起請文を出すべきところ、「寺法《じほう》の儀」があるのでこのようにした、とは顕如の言い分である。

閏三月十一日、信長は佐久間信盛に大坂への通路封鎖を解除し、本願寺との和睦手続きを進めるよう命じた。これにともない羽柴秀吉には、本願寺一族寺院である播磨国英賀本徳寺との停戦と、他の本願寺末寺の安堵《あんど》とを、柴田勝家には加賀一向一揆との停戦を命じた。

だがここで、顕如とともに朝廷へ請文を提出した嫡子の教如が、雑賀衆《さいかしゅう》の指導者らとともに、突然徹底抗戦を表明して大坂退去を拒否したのである。

教如の決起

教如は了順・湊高秀・松江定久・狐島吉次・岡吉正ら雑賀の年寄衆とともにまず、雑賀衆に対して徹底抗戦をよびかけた。その趣旨は以下のようなものである。

すなわち、織田信長との和平をいうなら西国の毛利とも東国の武田とも和睦し、かつ大坂も安堵されてこそ真実の和平というべきである。大坂を明け渡せば、信長が裏切ることは明白ではないか。親鸞聖人の「御座所《ござしょ》」を織田軍の馬の蹄《ひづめ》に汚すとはあまりにも口惜しい。仏法が存続するよう決起せよ、と。

すでに京都からの和平の使者に対して、雑賀の下々の者が狼藉《ろうぜき》を働いており、三月下旬、年寄衆らは自分たちが煽動したのではないと本願寺に申し開きをせねばならないほどだった。雑賀では、大坂退去と和平に反対する空気が強く、彼らが教如を推戴《すいたい》して行動を起こしたものであろう。

さらに閏三月下旬、教如は諸国の門徒に檄《げき》を飛ばした。

きっと取り向かい候。当寺・信長一和の儀、すでに相調い候。さ候えば彼方の表裏は眼前に候。それにつきて予、当寺相拘《かか》うべく思いたち候。しからば聖人の門弟《もんてい》と号するの輩《ともがら》は、この度粉骨《ふんこつ》を尽くし、馳走《ちそう》候わば聖人への報謝《ほうしゃ》、仏法再興たるべく候。さては皆々安心決定候て、その上の仏恩報尽《ぶつおんほうじん》の称名念仏、心にかけられ候わん事肝要に候。猶各々頼みいるばかりに候。あなかしこ、

後三月廿四日　　教　如（花押）

越　前

志衆中

（『雲乗寺文書』。原和風漢文）

同様の趣旨の消息は越前の他、加賀・能登・越中・近江・丹波・京都・甲斐・武蔵などにみられる。信長の和平不履行《りこう》は目にみえているから籠城支援のために決起せよ、というわけである。顕如は驚き、大敵を前にして内輪もめをしていては仏法は破滅するしかない、として雑賀衆を押さえにかかった。

結局、鈴木孫一ら雑賀の年寄衆の仲介で、大坂を教如に渡すことにして四月、顕如は雑賀へ退去した。その際、庭田重保・勧修寺晴豊の二名の勅使に対し、必ず七月の期限までに教如を退去させること、もし期限を過ぎても退去しないなら、教如は義絶することを約

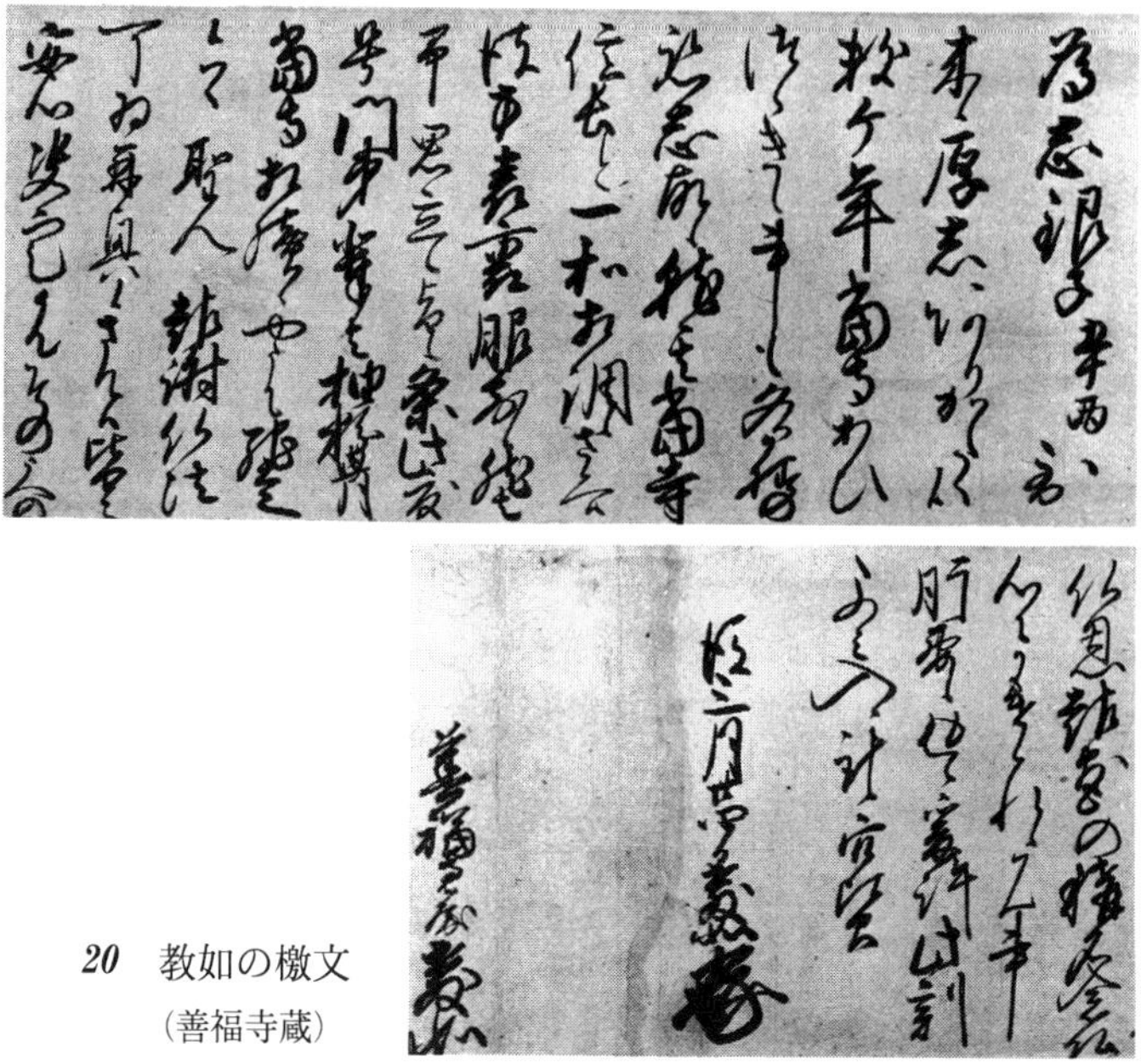

20　教如の檄文
（善福寺蔵）

束した起請文を渡している。本願寺は、自ら和平条件に違反した形になった。

それにしても、教如はなぜ突然決起したのであろうか。当人の単独意志のみならず、背後に雑賀衆のような和平に反対する門徒がいて、それに動かされたことはまちがいない。彼らが、親鸞の血筋を引く顕如の嫡子教如を推戴する形で一揆を結成したのであろう。彼らが和平に反対した理由は、その背後の存在をみることで自ずと明らかになると思われる。ちょうど顕如が紀州雑賀へ退出するころ、教如のはるか後方の西国から声援を送っていたのが誰あろう、足利義昭であった（『毛利家文書』『萩藩閥閲録』）。

義昭は「新門跡」が無二の覚悟をもって決起したこのときを逃さず、大坂支援の体制を固めるよう毛利輝元、小早川隆景に命じている。これに対して、教如もまた義昭の御内書《ごないしょ》を賜った光栄を感謝したあと、毛利輝元へ支援を命じたことに対する感謝の意を義昭に表明している（『養照寺文書』）。信長につくか、従来通り義昭につくか、これが大坂明渡しをめぐっての教団内の重大な論争点であった。

教如方も、さきの消息からもわかるように、信長との和平自体が不都合しごくである、といっているわけではない。一般論として信長との和平実現には問題はない。だが、信長が信用できないから、実現は望めない。実現しないものを期待して大坂明渡しというリスクを冒すのは納得できない。これが教如派の言い分である。

顕如派・教如派の対立

織田信長につくのか足利義昭につくのか、これが勅命講和時に本願寺教団を二分するにいたった大きな岐路であった。信長の死後いったん修復された亀裂はさらに尾を引き、とうとう近世初頭に東西両本願寺教団の分立にいたることになる。

教団末端の門徒にとっては、単にどちらにつくかだけでは済まされない問題もあっただろう。たとえば、織田・柴田と戦う上杉景勝と同盟していた加賀一向一揆などは、本山が信長と結んだからといってただちに従うわけにはいかなかったにちがいない。事実、加賀門徒は和平を境に、後述のような大変動を経験することになる。武田勝頼領内の甲斐門徒も、毛利領内の安芸《あき》門徒も、多かれ少なかれ同様の問題を抱えたと想像される。

それればかりでなく、顕如から教如への宗主の代替りそのものを望んで籠城続行に味方した門徒もいたと考えられる。四月、紀州雑賀に退去した顕如は、諸国の門徒に向けて、今後は紀州雑賀が「開山聖人」すなわち親鸞御影の「御座所」であるから、ここへ参詣せよ、と指示している。そして、顕如が隠居して家督を譲ったという噂を教如側が流しているが、それは事実無根であって決してそのようなことはない、と力説している。

このような噂が流れたのは事実であった。「御代替」の挨拶として、寸志を教如のもとに上せた門徒もいた（『願慶寺文書』）。教如自身が自ら宗主に就任したことを宣言した証拠はない。しかし、本来当主であった顕如が自身の居所を嫡子に渡して退去したのであるから、これが諸国の門徒の目には代替わりと映ったのは、ある意味で無理はないとも思われる。

このような代替りの効果は、前宗主の裁定がいったん御破算になることである。ある僧侶は、近江国日野興敬寺の住持永宗房に宛てて「そちらの坊主衆四人が、宗主の折檻《せっかん》を受けたことは大変気の毒である。けれども新門主へ家督が譲られたので、前々のいきがかりは御破算になり、あなたたちも赦免されたのである」と伝えている。宗主から折檻を受けた末寺の僧侶や門徒も、宗主の代替りによって赦免されることが可能だったのである。

宗主が門徒に対して行なう制裁の最も重いものは、堕地獄にもつながる破門だった。だからいったん破門された門徒が、ふたたび浄土に往生できるようになる起死回生の事件が宗主の代替りなのである。石山合戦中頻繁に軍事動員が行なわれ、籠城支援のための馳走が命じられるなかで、宗主がしばしば口にしたのは命令に応じない門徒は破門するということだった。臨戦体制の厳しい門徒統制によって、破門された門徒はおそらく少なくなかったと思われる。ここにも教如派への結集の事情の一端をみることができるのではあるまいか。

代替りの宣伝に抗して、紀州雑賀の顕如派は、いまや雑賀こそ本山であるとの宣伝を徹底させる一方、顕如に忠節を致した門徒は、恩賞として直参《じきさん》門徒に取り立てるという手段に出た（『本願寺文書』）。

本願寺教団には、大雑把にいって二種類の門徒がいる。一つは本願寺の末寺を仲介して本願寺門徒になっている者である。この仲介者を手次の坊主といい、この場合門徒は本願寺と手次の坊主とに両属するわけである。それに対してもう一方を直参門徒といい、本山本願寺ないし一族寺院の直属の門徒である。

後者の方が前者より格式が高いばかりか、本山に納める懇志《こんし》以外に、手次の坊主に仲介料も負担している前者の立場から解放されている点も、軽視できないちがいである。十六世紀以降、本願寺教団で直参を望む門徒が増加の一途をたどっていたことは、従来の研究で明らかにされている。このような動向に対応し、顕如派は宗主の地位を十二分に活用して、教団内門徒の再組織を図ったのである。

法敵の伝説

七月二日、兵庫・花隈両城は池田信輝の軍勢の包囲のなかで落城した。この日顕如は信長に太刀《たち》代を贈り、信長もこれに贈答している。十三日、辻・安田の砦も落城し、結局教如は信長に和平を請わざるを得なくなった。

十七日、信長は八月十日以前の退去、末寺の地位、寺内町《じないまち》の町民の安堵、大坂退城後親織田方の立場をとった場合の加賀返還などの条件をしめし、起請文をもって「赦免」を約束した。二十四日、和平の仲介にたった近衛《このえ》前久は、和平がととのったならば、教如は雑賀の「浄土宗」諸派と同様に地位を保証されることなどの条件を保証した起請文を渡している（『本願寺文書』）。

八月二日、ついに教如も大坂を退去した。『多聞院《たもんいん》日記』には、仲介の使者近衛前久へ大坂を明け渡してのち、焼けるように仕掛けてあったらしく、翌日三日までにすべて焼け落ちてしまったと記している。『信長公記』は、もっと劇的に三日三晩焼け続けたと記している。教如は最後まで味方した門徒たちに、自身に味方したからといって、顕如から折檻を受けるような気遣いはない、と退去した雑賀から書き送っているが（『本誓寺文書』など）、顕如からの処罰は行なわれた。

かくして本願寺と織田信長との講和はなった。後述するように、本願寺教団は以後、織田政権と、本能寺の変以後は豊臣政権と密接な関係をもちながら教団の発展を遂げることになる。いったんは命懸けで信長と戦った門徒たちは、今度は信長と本願寺との親密な関係を歓迎していくことになる。

だが、果たして門徒たちはそのような変化を心から歓迎したのであろうか。仮りに教団の発展がそのような関係のうえに築かれることを理屈のうえでは納得したにしろ、織田軍によって親子兄弟を虐殺され、妻子を焼き殺された門徒たちが心から納得したのだろうか。

この点を明確に窺わせるような史料は、いままでのところ知りえていない。だが、いくつか奇妙な史料に出くわすことはある。たとえば、つぎのようなものである。

信長滅亡により、国々静謐《せいひつ》に罷《まか》りなり候。重畳《ちょうじょう》に候。しかるといえども、その地法儀由断のよし聞き及び候。勿体《もったい》なく候。老少《ろうしょう》不定の人界なれば、早々信心決定候て、真実報土の往生遂げられ候べく候。（中略）あなかしこあなかしこ。

五月廿一日　　顕　如（花押）

（『光厳寺文書』。原和様漢文）

本能寺の変によって信長が破滅したため、平和が訪れたいへんめでたいという内容であるが、本願寺が本能寺の変をこのように表現するとは考えにくい。

また、つぎのようなものもある。

如来聖人へ信長弓を挽き申し候仏罰によって、京都本能寺において滅亡す。長々各々法義に身命《しんみょう》を抛《なげう》たれ、誠に懇志《こんし》を運ばれ候。今こそその甲斐これあり、ありがたく候。いよいよ油断なく報謝《ほうしゃ》候念仏、申さるべく候。（中略）あなかしこ、あなかしこ。

天正十年極月四日　　顕　如（花押）

（『明楽寺文書』。原和様漢文）

これもまた、信長が阿弥陀仏《あみだ》と親鸞に対して弓を引いた罰を受け、本能寺の変により滅亡したことを述べ、おのおのの石山合戦における努力はいまこそ報われてありがたい、と述べたものである。これまた宗主《しゅうす》の御書としてはしっくりこない。

以上のように、宗主の消息の体裁を借りた、法敵信長の滅亡を因果応報ないし平和の実現として捉える文書が散見される。このような文書がどのような事情によって作成されたか、詳細は不明である。だが、一つたしかなことは、宗主の口から法敵信長への呪いを聞きたい、ないしは宗主の消息に記された呪いを門徒に聞かせたいと考えていた教団メンバーが存在したということであろう。

門徒のなかには、このような遠慮がちな方法でしか表現できないにしろ、やはり信長への憎悪や怨恨はくすぶっていたと考えられる。これらの変則的な文書は、教団のこうした事情を伝えてくれる、貴重なメッセージといえよう。これもまた、石山合戦の忘れてはならない一面である。

「法王国」の盛衰

講和が成立するなかで、事実上本願寺の領国となっていた加賀はいったいどうなったのか。ここでまず加賀一向一揆の歴史を簡単に振り返ってみよう。

加賀が事実上本願寺の領国となったのは、門徒の一揆が国の実権を掌握していたからである。勅命講和から一〇〇年以上前の文明年間、蓮如《れんにょ》が越前吉崎《よしざき》に留錫《りゅうしゃく》して伝道を行なっていたころ、加賀に江沼「郡」・能美「郡」・石川「郡」・河北「郡」という、四つの門徒の一揆が結成された（地域呼称の加賀四郡とまったく同名である。これらの一揆の名前を、区別するために「　」を付けてある）。

当時日本は応仁の乱の最中であった。加賀も西軍方の守護富樫《とがし》幸千代と東軍方についた守護家一族の富樫政親とが争い、加賀の国人《こくじん》や寺院勢力なども両派にそれぞれ分かれて争う、という内乱状態になっていた。加賀四「郡」は政親方に味方して内乱に介入し、守護幸千代を追放して政親を守護に擁立した。蓮如が仏法のために戦うのは道理至極である、との理由で門徒の戦闘を容認した戦いである。

その後、加賀国人たちは政親とも対立し、富樫一族の泰高を擁立して「国中一揆」とよばれる一揆を結成した。中心になったのは加賀四「郡」であるが、門徒ではない武士や白山《はくさん》系の寺院などもこの「国中一揆」に参加していた。長享二（一四八八）年「国中一揆」は高尾城に籠城する富樫政親を滅ぼし、泰高を守護に擁立し、一揆による事実上の加賀支配を実現する。加賀一向一揆として知られる有名な事件である。

加賀四「郡」は本願寺門徒の一揆であるのだから、その棟梁《とうりょう》として擁立しているのは本願寺である。ところが「国中一揆」の主要勢力としては、守護富樫泰高を擁立していることになる。となると四「郡」には二人の棟梁がならび立っていたことになる。

このようなことが可能だったのは、本願寺がもっぱら信心の領域すなわち「仏法領」に、自身の指導を限定していたからである。さきの「門徒の蜂起」のなかでみたように、本願寺は世俗の領域と仏法の領域とを峻別するのが原則だった。

ところが「一揆蜂起の背景」のなかで触れた永正の争乱を画期として、本願寺は「仏法のため」と称して幕府中央の抗争に介入していく。「国中一揆」の最大勢力である「郡」に擁立された本願寺の軍事指揮権は「国中一揆」にも及ぶにいたり、「郡《ぐん》」による「国中一揆」の権限吸収と相まって本願寺の「国中一揆」に対する指導権が確立した。

守護富樫氏は、もちろん本願寺から抹殺されたわけではない。だが「国中一揆」の棟梁としての地位はじょじょに低下し、一揆の一員へと埋没していった。富樫家は存続していたのだが、すでに「国中一揆」の棟梁ではなかった。こうして加賀は、一向一揆の支配する「百姓の持たる国」とよばれ、一向一揆の棟梁である本願寺の、事実上の領国となった。

石山合戦中、天正三（一五七五）年に南二郡は柴田勝家の手に落ち、五年以後の、勝家に対抗した上杉氏との連合も、謙信死後の家督争いで思うようにならず、門徒勢は劣勢に陥っていった。八年に入っても、本願寺と信長との講和が教如の徹底抗戦のために締結されない間に、勝家は着々と加賀侵攻を進めていった。

たしかに信長は、閏三月十一日勝家に停戦令を発している。しかしそもそも停戦は、停戦を望む側が圧倒的優位に立つか、戦線が膠着するかしなければ実施できないものである。そのうえ本願寺の和平条件が整わないのに、何も勝家が、自分から停戦実施のために努力するいわれなどない。むしろ和睦がみえてきた以上、その成立までにできるだけの戦果をあげるべく攻撃を強化しようとする発想は、戦国時代も二十世紀末の今日も変わらない。

少なくとも二十二日までには柴田軍は能登に侵攻しており、このあとまもなく、本願寺の出先機関として、加賀一揆の中枢であった金沢御坊は陥落したようである。一揆の一部は越中に脱出して上杉景勝と同盟しつつ抵抗を続行した。彼らは教如を迎え擁立しているとも噂されていた。だが加賀国内では、白山山中に立て籠って戦った山内惣中が天正十年に殲滅されたことをもって、一向一揆は滅びたとされている。

門徒団の健在

ところで天正八年八月、顕如は加賀四「郡」に宛てて教如の大坂退去を告げ、二つの指示を行なっている（『本願寺文書』）。第一に、加賀の返還

について は本願寺が信長と政治交渉を行なうので柴田軍との戦闘は差し控えるべきこと、第二に、教如が加賀に派遣した寺内織部・井上善五郎という二人の使者を速やかに成敗すべきこと、の二つである。これはどう考えればよいのか。この消息によるかぎり、金沢御坊陥落の四ヵ月以上あとに加賀四「郡」が存在していることになる。そしてその四「郡」は、教如派の使者を成敗できるような実力をもっていたことになる。本当に加賀一向一揆は滅びたのだろうか。

そこでつぎにあげる、顕如消息の写しを検討してみたい。信心に関わる法語を記した部分は省略して線を引いてある。

わざと筆を染め候。よって爰許いよいよ無事候間、心安かるべく候。先々今度天下不《ふ》慮《りよ》、是非なき次第に候。さりながら相替わらず入魂の事候。気遣いあるまじく候。うち続き方々用しげきにつきて、万不《ふ》如意《によい》推量に過ぎ候。諸国たやすからざる時分に候えども、退屈なく各々《おのおの》馳走《ち そう》頼みいるばかりに候。しかしながら聖人へたいし報謝《ほうしや》たるべく候、――なお刑部卿法眼《ぎようぶきようほうげん》申すべきなり。

七月

加州石川郡

惣門徒中

（『石山一件消息案文』。原和風漢文）

年次は記していないが、「天下不慮」が本能寺の変であることに気が付けば天正十（一五八二）年七月の消息であることはすぐわかるだろう。宛所の「石川郡惣門徒中」が石川「郡」と同一か否かは不明であるものの、石川郡を単位とする門徒組織が健在であることは明白である。その健在な門徒組織に、本願寺は本能寺の変を伝え、しかし織田政権との関係は依然良好であるので安心するように述べ、雑賀に対して志を運ぶよう依頼しているのである。

このようにみると、少なくとも顕如側についた門徒たちは、柴田勝家治下の加賀で組織的活動が可能だったのではないか、との見通しが立つ。そしていったんそのような目でみると、当時の加賀で指導者クラスの末寺が健在であることも目に付く。

天正九年に、顕如の三男准如が越前本行寺の住持になったとき、越前・加賀からその下寺となる四十数ヵ寺が選ばれた。加賀から選ばれたのは木越光徳寺・宮保聖興寺・宮永極楽寺・松任本誓寺・押野上宮寺・須恵光専寺・安宅正楽寺・英田広済寺・宮丸喜予の九ヵ寺である（『本願寺所蔵文書』）。このうち木越光徳寺などは、前年閏三月に柴田軍によって撃破されているのである（『長文書』『信長公記』）。おそらく戦後赦免されたのであろうが、それにしても翌年早くも准如《じゅんにょ》をもり立てるべく選ばれ、加賀教団の有力寺院としての地位を保っていることは驚くばかりである。

顕如側についた加賀門徒たちは、金沢御坊の陥落後も一定の組織を形成して活動できたとみることができる。

加賀門徒の史実

加賀での地位を得たのは、顕如派の門徒のみではなかったようである。

本能寺の変によって、越中・能登で上杉景勝や越中に逃れた加賀一揆の面々と戦っていた柴田勝家は、越前・加賀へとひとまず撤退する。そして、信長死後の家中で勝家は羽柴秀吉と対立し、賤ヶ岳《しずがたけ》の合戦で両者は全面対立するにいたる。

秀吉は上杉景勝と通じ、勝家を挟撃《きょうげき》するよう図った。その際、景勝と結んで柴田と戦っていた教如派の一向一揆と秀吉は結んだ。もっとも景勝が動かなかったため、この作戦はうまくいかなかった。秀吉は独力で勝家を滅ぼしたあと、景勝の約諾違反を詰《なじ》り、再度盟約を促しているが、この際に秀吉の書面を携え使者に立ったのは、教如が加賀に下した使者の一人である寺内織部であった（『上杉年譜』）。

また、秀吉は「一向一揆は解体したか」でみたように、本願寺顕如にも働きかけ、秀吉に味方して加賀門徒を蜂起させることを勧誘している。そして、もし蜂起させた場合には、信長の約束にあった加賀の返還を実現してもよいと述べているのである。顕如派についた加賀門徒も一揆蜂起できるだけの実力を保持していたのだろう。

結局秀吉が勝利を得たわけであり、秀吉についた教如派一揆もまた加賀へ復帰できた可能性は高い。こうなると、秀吉が織田家中を掌握した段階で、かつての加賀一向一揆の少なからぬ部分は加賀で安堵をえた、ということになる。

もちろん石山合戦終了後も、加賀一揆が以前同様に健在だったなどというつもりはない。だがいっぽう、勝家の加賀侵攻によって一向一揆が壊滅したとか、白山山中の戦いを最後に一向一揆は一掃されたなどと考えるのも、実情に合わない考え方である。賤ヶ岳合戦の際に秀吉が、また「一向一揆は解体したか」でみたように、このあとの小牧《こまき》・長久手《ながくて》の戦いの際には徳川家康が、加賀返還を条件に本願寺に一揆発動を勧誘している。このことをみれば、一揆蜂起がいつでもできる実力を備えた加賀門徒団が、石山合戦後も健在だったことは明らかといえよう。

これまで加賀一向一揆は、金沢御坊の陥落と勝家の加賀制圧によって滅び去ったと信じられてきた。一向一揆は中世から近世への転換と密接にかかわるものであり、信長・秀吉の天下制覇によって滅亡するのが当然と考えられてきたことは、「一向一揆は解体したか」のなかでも述べた通りである。そして加賀一向一揆の滅亡は、このような見通しを裏付ける、大きな論拠の一つとみなされてきたのである。

しかしその際、加賀門徒団の実情の吟味はどうも十分ではなかったように思われる。以上のように実情を検討してみれば、一〇〇歩譲って隆盛とはいえないまでも、壊滅という表現は明らかに妥当ではない。さらにあとの時代も考慮すべきだろう。近世の本願寺教団は、東西合わせて最大の末寺を抱えた最大の教団であったことはすでに述べた。とくに加賀は東本願寺教団の最大の地盤の一つだったといってもよい。

これだけの教団勢力が一朝一夕に築かれるはずもなく、中世以来の伝統によってこの大教団が形成されたと考えた方がずっと自然である。一向一揆の壊滅によって近世加賀教団を説明することは困難である。大きな変転はあっても断絶はなかった、これが加賀教団の史実だと考える。

王法と仏法

石山合戦の終結に際して、本願寺は大坂を退去することを代償に、教団が以前の通り存続できるよう保証された。こうして本願寺教団は、石山合戦以前の実力をある程度維持しながら存続できた。事実、石山合戦後も、豊臣秀吉や徳川家康が依然本願寺の武力を期待しうるものと考えていたことも、門徒側の蜂起に、諸大名も本願寺も警戒の念を露《あらわ》にしたこともすでに述べた通りである。

門徒のネット・ワーク

ここで、石山合戦後の本願寺教団の力量を窺わせる一例を紹介しておきたい。石山合戦後に本願寺教団が保持していた門徒によるネット・ワークである。

天正十五（一五八七）年、秀吉は九州へ出陣し、島津義久を降伏させて九州を支配下においたことは周知のことである。このとき、織田信長の死後顕如《けんにょ》と和解して「新御所」の座に返り咲いた教如《きょうにょ》は、秀吉の陣中を見舞いのために訪問している。家老下間頼廉が、薩摩国川内の泰平寺の陣を訪問していることとともに、本願寺と豊臣政権との密着ぶりを窺うことができる。

教如の九州下向《げこう》をもっぱら取り計らったのは中国・九州の門徒たちであり、彼らの維持していたネット・ワークであった。教如は行路にあたる地域の門徒団の手で、門徒づたいに九州へ運ばれ、やはり門徒づたいに紀州へ帰ってきたのである。そのおりの門徒団の活動は、断片的ながら現存の史料で追跡することができる。

まず、秀吉が出陣する三月一日に先立ち、すでに二月二十二日に本願寺家臣の粟津右近・松尾左近の二人は教如の命を受け、備中国笠岡善了に対し、坊主衆らが相談して道程に宿を準備するよう指示した（『浄心寺文書』）。つぎに翌二十三日、備後国沼隈《ぬまくま》郡山南《さんな》光照寺とその門徒に対し、同様の指示を加えていたことがわかる。ついで三月二十二日に、二人の家臣が教如に従って下向し光照寺に到着し、その翌日に備後国高屋専正房に対し、二十六日には高屋へ着くので馳走《ちそう》するよう指示した（『西品寺文書』）。

秀吉を追走する教如の足跡は、九州にも残されている。教如が豊前国小倉に入る前の四月十三日、粟津・松尾の二人の家臣は、筑前の坊主衆に対して教如の道程における宿の手配を命じている（『教法寺文書』）。そして秀吉がどこに陣をとるかはこちらにはわからないので、そちらでしかるべき宿を手配すべきこと、九州の地は内乱中で宿を探すことは困難であろうが、馳走すべきことを指示している。つぎに四月十七日になると、この両家臣は豊前国秋月の新右衛門という門徒に逗留《とうりゅう》の準備を命じている（『西念寺文書』）。その書状のなかで、教如が翌日豊前国小倉に着くので、秋月着は十九日になる旨を伝えている。

さらに五月一日になると、秋月の新右衛門に追いうちをかけるように、教如接待の労をねぎらいつつ、今度は薩摩の秀吉の陣に赴く下間頼廉を接待するよう指示した、本願寺家臣益田照従の書状が届いている（同前）。そして十二日、新右衛門は門徒のなかから人夫一〇人を出すよう要請を受けている（同前）。秀吉のもとに下向した教如が、翌十三日今度は上方《かみがた》へ帰るからである。

こうして九州の門徒たちは秀吉の九州攻めの間、戦争によって治安の悪化したなかを、教如・下間頼廉と、本山から来た二人の重要な客人を、近隣の門徒団と連絡をとりながら接待し輸送したのである。

以上、断片的にわかる教如の足跡を拾ってみるだけでも中国・九州とつながる、かなり大規模な門徒のネット・ワークの存在が窺える。この九州攻めに対しては、地の理を熟知した門徒たちが九州の各地で豊臣軍の案内を勤めたという伝承も、本願寺家臣下間家に伝わっている。門徒のネット・ワークの機能はさらに大きなものだったと想像される。

天正十八年の秀吉の小田原攻めの際にも、本願寺は小田原の陣中に書面を送り、教如が見舞に赴いている。また、五月には秀吉の陣中に見舞いの品々を届けており、ここでも秀吉と本願寺との密着ぶりが知られる。だが、このような秀吉とのコンタクトが可能だったのは、教団独自の情報網がフルに機能を発揮していたからである。すでに四月初めごろ、三月二十九日に伊豆国山中城が陥落したこと、北条氏は韮山《にらやま》城に孤立してしまったことが、いち早く門徒伝いに注進《ちゅうしん》されていた(『万徳寺文書』)。

このように天正十年代の本願寺教団は、西は九州まで、東は関東にいたる大規模なネット・ワークを維持していた。秀吉をはじめ当時の大名たちが本願寺教団の実力を高く評価する背景には、おそらくこのような力量があった。

教団の存続

さて、これまで石山合戦をその最初から終局まで追跡してきた。そこでの検討課題の一つは、石山合戦の敗北によって一向一揆は滅びたのか否かということであった。一向一揆壊滅説の最大の論拠は、加賀一向一揆が壊滅したとみられてきたことである。たしかに、加賀における一揆の支配は消滅した。だが、さきの「一向一揆は解体したか」ですでに想定したことではあるが、少なくとも一揆を発動しうる実力を備えた加賀門徒団は滅びなかったというのが、検討の結果得られた結論である。

これにかかわる検討課題として、織田信長と本願寺教団とは不倶戴天《ふぐたいてん》の敵同士であったか否かというものがある。不倶戴天の敵であるという論の例証としてあげられてきた事実は、長島の虐殺と越前の殲滅だった。だが、これは相手が一向一揆だから、という理由で行なわれたものではないことがはっきりした。信長は、本願寺や一向一揆に対して、問答無用の大量虐殺のみを行なったわけではなく、もっと多様で弾力的な対応をしている。そのうえ、天皇を担ぎ出して本願寺教団を自らの政権を支える一翼として取り込もうとしたのだから、とても不倶戴天の敵同士とはいいがたい。

これは、従来の研究が提示してきた結論とは著しく異なるものである。従来の研究とここで得た結論といずれが正しいのかは、読者の検討にゆだねる他ないが、本書で行なった作業には従来の研究になされなかったことが二つある。

第一に、本願寺教団は、宗主が一族・家臣・門徒たちの一揆によって推戴《すいたい》されているという特質をもち、これは一向一揆にも共通している、という視点を導入したことである。

このことによって、石山合戦以後も一揆的構造が健在であることは明らかになり、石山合戦前の本願寺教団と後のそれとを連続的に捉えることが可能となった。

第二には、信長が何度か行なった大量虐殺の意味を、従来とはまったく異なる観点から説明したことである。このことによって、世俗の支配者と仏教界との、一定の間合いをとった共存を信長も考えていたこと、これは本願寺教団自身のもつ構想と共通する面のあったことがみえてきたと思われる。

この二つの作業によって、少なくとも従来知られていた以上に実態に近い、一向一揆と石山合戦の姿が描きえたと筆者は自負している。

たしかに石山合戦時には、全国の門徒に命をかけた戦いを要求して、信長に敵対しつづけた本願寺が、和睦後は一転、信長・秀吉に対して卑屈ともみえるほど密着している姿は奇異である。だが、このようなことは十六世紀初めの細川政元と本願寺実如との密着ぶりも考慮に入れて考えるべきだろう。また、天文初年に細川晴元と戦った本願寺が、天文五（一五三六）年以降、掌を返したように晴元と密着していたという事実とも比較のうえで検討すべきであろう。本願寺の実態は、石山合戦前後で本質的に変わっていないのである。

さて、それでは石山合戦は、本願寺教団にいったい何をもたらしたのだろうか。何よりも、安定した教団の地位であると筆者は考える。

「仏法」と一向宗

戦国時代までの本願寺教団が、たまたま一向宗徒が結集したこともあって、諸大名から警戒され、弾圧を受けることがしばしばだったことは前述の通りである。またその一方で、一向宗徒の結集によって、民衆の素朴な信心を組織しえたことも事実である。

民衆に密着しているゆえに支配層からは警戒された教団が、天皇の命によって、織田信長という最高権力者から、その地位を保証されたのである。これまでも本願寺は、細川政元・細川晴元・三好三人衆など、さまざまな権力者と結ぶことによって、その地位を保証されたことはある。だが、天皇と信長による保証ほどの安定的な地位は、いままでなかったのではないか。その意味で、ともすれば危険でいかがわしい宗派とみられてきた教団が、初めて公然と体制の内部に地位を得たといえよう。

従来の研究では、信長と本願寺との講和条件のうち、大坂退城を根拠として、石山合戦を本願寺の惨憺《さんたん》たる敗北と評価するのが普通だった。筆者も、敗北でないなどというつもりはない。だが、その一方で「惣赦免《そうしゃめん》」すなわち教団全体の安堵《あんど》はほとんど問題にされてこなかった。これはかなり片手落ちの判断ではないか。大坂さえ剥奪すれば、本願寺教団は息の根を止められたも同然、と考えるのは理屈に合わないし、事実にも反している。

むしろ、中世を通じての一向宗に対する評価を考えれば、教団の安堵を天皇の命に従って信長が保障したことは画期的といってもよいのではないか。中世末にいたっても「王法」とならぶ「仏法」の領域を担当する専門家とみなされてきたのは、八宗《はっしゅう》と称される、東大寺・興福寺《こうふくじ》など南都仏教の諸寺院、延暦寺《えんりゃくじ》など天台宗の諸寺院、高野山《こうやさん》など真言宗の諸寺院である。序に南北朝・室町時代に支配層とのつながりを得た浄土宗・禅宗・時宗《じしゅう》など、いわゆる鎌倉新仏教の寺院をつけ加えてもよいが、呪術《じゅじゅつ》的な一向宗徒まで、このようにみなされたことは、これまでなかったのではないか。

本山の本願寺や僧位僧官を得ることのできた少数の寺院は例外としても、下々の、一向宗徒の教団メンバーは別である。何といっても出家ではなく在家、「仏法」の専門家ではなく素人《しろうと》であった。教団総体が「王法」と両輪をなすべき「仏法」界の一員とみなされるのはむずかしい。だから信長との和睦によって、やや大げさにいえば、教団全体が「仏法」担当者の一員と認定される道が開かれることになったと考えられる。

ただしもちろん、山伏や占い師や廻国聖《かいこくひじり》などの土俗的宗教者や、琵琶法師などの漂泊の民間芸能者の同類とみなされた、一向宗全体への評価が即座に変わったなどということはありえない。そうではなくて、本願寺教団に従属するかぎり、織田政権のお墨付きによって、一向宗もまた「仏法」界の一員として容認される道が開けたと考えられる。一方の信長からいえば、民衆の一向宗信仰を管理するための担当者に、最も適切な存在、つまり本願寺を任命したのも同然となったことはいうまでもない。

このようにみてくれば、本願寺が信長と、そしてその後継者の豊臣秀吉とあれほど密着したのも当然といえよう。この両者は、本願寺がかつて獲得した外護者としては、おそらく最強の存在だっただろう。教団の安定と繁栄のために、これ以上の存在が望めないことはもちろんである。近世になっても本願寺が引き続き幕府に密着を続けることと、門徒の間では石山合戦の殉教譚《じゅんきょうたん》・武勇伝が語り継がれてゆくこととは何の矛盾もない。少なくとも、教団のなかでは一貫した行為と考えられていたと思われる。

門徒の分身

ただし、いままでみてきたことは教団全体としてみた石山合戦の意味である。だが、石山合戦が専制支配者＝織田信長との抗争であった以上、その専制支配に対する民衆の抵抗という側面は否応なく存在したはずである。石山合戦をこの観点からみる必要はないのか、またこの観点からみた場合、民衆の信心を集めた教団の安堵という見方は、果たして妥当なのかという疑問は当然といえよう。

専制支配に対する民衆の抵抗という側面は、当然存在したと考えられる。仮に本山の中枢部がまったく別の観点から一揆蜂起を指令したにしろ、いったん信長との戦いが起これば、この戦いにかかわった人びとの動向に民衆の意向は当然反映したはずである。史料上このような痕跡は、現在のところ多くは見い出されていないが、それでもこのような側面を想定することは可能であろう。

しかしいっぽう、教団首脳部が考えた、本山の存続という合戦の目的は、庶民門徒の真の願いとは別のものだったと考えるのも適切とは思えない。本山の存続という戦いの目的も、下部の庶民門徒の願望を十分反映したものだったと考えられる。門徒たちはその信心も含めて、本山の宗主に強い一体化の感情をもっていた。

まずはつぎの書状（『願寿寺文書』『西光寺文書』）をみていただきたい。本願寺家臣が在地の門徒に宛てたものという体裁をとってはいるが、様式は異様であり、やや釈然としない感も残る。しかし写しも作成されており、門徒の間では本山からの書簡として、広く読まれたものであることは疑いない。

わざと申し候。よって当所の事、ひさしく御籠城の儀に候。しからば玉薬《ぎょくやく》御用意のため、上様を始め、御小袖《こそで》を脱がせられ、そのほか御内人《みうちびと》、下々ならびに村中人々、下《げ》女《じょ》以下まで一衣を脱ぎ上せ申し候。煙硝《えんしょう》・鉛の代替えになり申候。しかる間くか方も在々所々、この度人別に思い思いの営み、日記に記され、御進上候わば、慶びおぼしめすべきのよし、御申候。（下略）

籠城の準備のため、本願寺宗主を筆頭に家臣・村民・下女にいたるまで衣服を売って弾丸・煙硝の代価にしているのだから、門徒たちも思い思いに本山へ寄進せよ、との趣旨である。ここでは宗主《しゅうす》という貴族と、下女という庶民の差異などまったく問題にされることなく、等しく信心によって結束した教団の一部とみなされている。たとえば宗主という、身分的に隔絶した貴族が、小袖一枚を寄付することと、下女がなけなしの衣を寄付することとのちがいはまったく眼中にないのである。

階級的立場、身分のちがいなどまったく無視され、宗主の小袖も下女の衣もひとしく無媒介な思い入れによって同一視されている。宗主様もお可哀相《かわいそう》に、というわけである。この飛躍した一体化の感情は、一時期の近代天皇制をも彷彿とさせるものである。だが、この書状が写しまで作られて、いまに伝えられている以上、ある程度庶民門徒にもアピールするものだったと考えざるを得ない。

そして、このような庶民門徒の感情は、単に教団側に煽動《せんどう》されて生じた錯覚とはいえないことは注意する必要がある。さきの「一揆ことごとく起こる」のなかで述べたように、宗主はいかに身分的に隔絶された存在であれ、下々の門徒も含めた教団全体の総意によって承認された存在だったのである。ここに本願寺教団の特質があり、いかに身分的に隔絶していようと、本願寺宗主はここに述べたような意味で庶民門徒の分身だったといえよう。

さきにみた感情的一体化が生じる根拠も、ここにあったのだろう。本山を守るという教団中枢部の意図が、下々の庶民門徒に共有されるカラクリもまたここにあったと思われる。その意味においては、本山は門徒と一体であった。

寺請と来世信仰

ところで、このような一揆的構造は、たとえば幕府や大名家にも共通するものである。しかし、近世において「仏法」界の一員の道を歩んだ本願寺を、将軍や大名と同様のもの、というわけにはやはりいかない。寺院としての特質に由来することも、見逃すことはできないだろう。

寺院としての本願寺がどのような存在だったかを考える必要もある。本書を締めくくり、今後の展望を考えるために、最後にこの問題に若干触れておきたい。

まず、寺院なるものが一般的にどのような存在だったかをみておきたい。近世社会にあって寺院は、幕府の支配体制を支える不可欠の要素であった。そして通常幕府の支配を肩代わりしたものとされる寺請《てらうけ》制度は、単にキリシタン取り締まりを行なうために発想された、急ごしらえの支配の道具ではなかったことが近年の研究によって明らかにされている。

幕府が制度を作る前に、寺院と檀家《だんか》との、信心に基づく相互関係のなかで自然に形成された寺檀《じだん》関係があった。そしてこの関係がある程度発達し、成熟を遂げて初めて、寺請制度も有効に機能しえた。だから寺請制度はともかく、その基礎となる寺檀関係は一般民衆の手によって、その利害に基づいて形成されたものである。

大桑斉氏によれば、檀家の寺請を行なう権限、すなわち宗判権《しゅうはんけん》を、近世にあって寺院が独占していたのは、その独自の権威に基づくものである。キリシタンでないことを証明するという形で、戸籍の代わりとなるような身分証明を行なうにふさわしい存在は、寺院以外に考えられなかったのである。このため寺院は武士・百姓・町人の身分制度の枠外の存在として、寺社奉行に直轄されていた。そのうえ特殊身分として、世俗とは相対的に自立した宗教法のもとに、宗教界内部における一種の自治を認められていたのである。

このように、俗的権力から相対的に独立した仏教界のあり方は、近世を通じて維持されていたと考えられる。このような近世社会における仏教界のあり方が、明治になってまもないころの証言からも裏付けられるからである。

たとえば福沢諭吉は、明治以降「俗了《ぞくりょう》」された仏教界の改革の必要を説き、寺地・所有地の課税を免れ、世俗の身分制から解放されていた江戸時代の仏教界を見直し、仏教界にしかるべき自治を容認すべきことを主張している（「寺門をして其本色に還らしむべし」時事新報論集五『福沢諭吉全集』第十二巻）。論説の是非はさておき、近世仏教界の自立性が、記憶に新しかったころの認識として注目されよう。近世仏教界は、民衆との寺檀関係に支えられた高い社会的地位によって、一定の独立を容認されていたと考えられよう。

現世・来世の身分証明

それでは檀家側は、寺院から、なぜ戸籍登録にも似た身分証明を進んでうけたのだろうか。単に〝キリシタンでない証明〟によって身の安全を図るのみでないとすれば、身分証明を行なうにふさわしい権威をもった唯一の存在とされる寺院に、民衆は何を求めたのだろうか。この点に関して、これまでほとんど研究は行なわれてこなかった。たしかな解明は、今後の研究に待つしかない。ここではとりあえず、いままで問題としてきた真宗教団にある材料を中心に、若干の見通しを述べたい。結論からいえば、民衆が求めたものの一つは、家族関係の証明だと思われる。

まず注目すべきは、寺院・僧侶の側が門徒の夫婦関係を扱っていることである。蓮如《れんにょ》以降、戦国時代の本願寺宗主は門徒に対して法名《ほうみょう》状を交付し、法名を与えていたことが知られているが、この法名状が夫婦二人にセットで与えられている場合が目に付く。法名とは仏弟子としての名であり、現世で終結するはずの夫婦関係には無関係なはずなのだが、中世の現実においては夫婦ペアで仏弟子になる慣習が窺われる。このことは、来世におよぶ視野のなかで夫婦関係が捉えられていることを意味するものといえよう。

また夫婦が、それぞれ入道姿・尼姿になり、ならんで描かれた肖像画が作成されていることがしばしば目に付く。このような慣習は鎌倉末から窺われ、とくに真宗仏光寺派の絵系図は最近注目されるようになった。真宗以外にも、もちろんこのような慣習は認められる。これらの肖像画は寺院に収められる場合が多く、これもまた夫婦関係を、寺院で扱うことを求めた門徒・信者側の意図を反映したものといえよう。そして、近世になれば一基の墓石に夫婦の法名がならんで刻まれたものは珍しくなくなるのである。

現世の家族関係の一つである夫婦関係が、法名や肖像画という、信心の領域の作法で扱われていることは、とりもなおさず、夫婦関係自体が信心の領域にかかわるものと考えられていたことをしめすものである。まだ戸籍による把握も宗門人別改《しゅうもんにんべつあらため》も行なわれない以前に、婚姻《こんいん》関係が門徒・信徒側の希望によって、来世の次元において、いわば登録されていたのである。少なくとも門徒・信徒の夫婦にとって、婚姻関係とはこのような〝登録〟を必要とするものであった。そしてこの〝登録〟は、僧侶や寺院なしに行なうことは不可能であろう。彼ら夫婦には、この次元で寺院や僧侶が必要だったと考えることができる。

もちろん夫婦関係にかかわる観念は、家族関係全体に関する観念のごく一部に過ぎない。そして中世末の人びとの家族関係に関する観念は、まだ未解明の部分が非常に多い。ただ、夫婦関係の事例から予想されることは、当時の人びとの家族関係に関する観念は、現世の枠内に収まり切るような代物ではなかったのではないか、ということである。

たとえば、十六世紀に日本に来たフランシスコ・ザビエルは、日本のキリシタンについてつぎのような証言をしている。地獄に落ちた者は救われない、と聞くと日本のキリシタンは深く悲しむ。死んだ父母・妻子、その他の先祖などの死者を、自分たちの喜捨や祈りによって救うことはできないか、との問いに、まったく救いようがないのだ、と告げると、彼らは必ず泣く、というのである。信心深い日本人が、自身のみならず家族、先祖の救済を求めていたことをしめす証言として注目されよう。家族は、信心による救済という願望を、共有する集団と考えられていた、とみることができる。

そして人びとが寺院に求めた身分証明も、この、来世におよぶ家族関係の証明だったのではないかと思われるのである。この点からみれば、門徒・信徒自身が信心の領域において、寺院の身分証明を必要としていたと想定して、あながち不都合ではないと思われる。

以上、きわめて不十分ながら、支配層のみならず、門徒たちが、身分証明を行なう寺院を必要とした理由にも見当をつけてみた。もしこの見込みがそう外れていなければ、一向宗の寺院が、このような身分証明の担い手として公に認知されることが、門徒にとっていかに重要だったかも、想像にかたくないだろう。

信長の「惣赦免」は、このような公の認知に道を開くことだったと考えられる。のちの時代から考えれば、これが「仏法」界に本願寺教団が進出していく糸口であったように思われる。「王法」とならぶ「仏法」担当者の世界で、本願寺教団が最大の宗派となる、という近世の事態はここから始まるように思われる。

あとがき

「もし一向一揆が滅びなかったら、日本の歴史はもっとちがったものになっていただろう…」。こんな話を初めて耳にしたのは、小学校四年生のときの教室である。どの科目の時間で、どんなテーマのなかだったのか、もはやまったく覚えていないが、先生が話されたこの内容だけは、いまでも記憶に残っている。そしてこの言葉は、現代の日本人が、一向一揆に寄せてきたイメージを、じつに鮮明に表しているように思われる。

決定的な対立があらわになりにくい、日本史上の事件のなかでは、ひときわ異彩を放つ、日本人らしからぬ、断乎たる権力への抵抗、いちずな信心による、苛烈な弾圧に抗しての戦い、というイメージである。「日本の歴史はもっとちがったものに…」というのは、変革への期待を、一向一揆のこうしたイメージに託したもの、とも考えられなくはない。筆者が、井上鋭夫氏の『一向一揆の研究』に出会って以来、これを研究テーマに選んだのも、このような華々しいイメージに誘われた点が少なくなかった。

こうして、筆者のささやかな一向一揆研究が始まった。だがその当時、このようなイメージとは、大きくかけ離れた実態を描き出した本を書くことになろうとは、もちろんまったく想像できなかった。振り返れば、随分ゆっくりした、試行錯誤に満ちた道程だった。筆者自身の非力という、おもな原因に加えて二つほどの理由があった。

第一に、一向一揆を、専制的な織田政権の、苛烈な弾圧によって全滅させられた、民衆の闘争と考えるべきだ、という思い込みから解放されるのに時間がかかった。もちろんそれは、従来の研究から学んだ一向一揆像であり、当時の筆者にはきわめて説得的なものと思われた。具体的な事実を知るなかで、いくつもの疑問を抱きつつも、これがなかなか崩れなかったのは、研究対象への、個人的な「惚れ込み」も手伝っていたにちがいない。

たしかに長期間にわたって関心を持続できたことには、「惚れ込み」も一役かっていたかも知れない。しかしそれのみでは、結局何も理解できないまま、民衆への空疎な讃歌に終始するか、「純粋な民衆の闘争とはいえない」という類の、陳腐な幻滅に辿りつくか、で終わってしまったことだろう。長い付き合いには醒めた目も必要である。自分自身が「総てを理解したい」から「まことに興味は尽きない」へと変わる程度の、〈成熟〉を遂げる必要があった。この〈成熟〉に関しては、東京を離れ、高知で「お遍路さん」や札所の寺を間近に見ながら、一〇年近く暮らしたことが大きかった。

第二に、史料が他のそれと比較して圧倒的に少なく、また非常に限られており、明確な像がなかなか浮かんでこなかった。同じ宗教運動としては、日本では天文・法華の乱、それに島原の乱くらいしか見あたらない。これまた史料は非常に限定されており、類推によってイメージを描くてだてもほとんどないのである。イメージを探して、外国の、例えば千年王国運動などに関する研究を調べてみたこともある。

だが、このような海外の宗教運動と一向一揆とが、同じ本質を持つ、とはどうしても思えなかった。最大の差異と思われたのは、指導者と信徒との関係である。海外の運動は、弾圧を受けたり、予言がはずれたりして、指導者のカリスマ性が地に落ちるや否や、あっという間に衰退していく。いっぽう、一向一揆の方は、信長に敗北したにもかかわらず、依然本願寺に帰依する門徒が大量に見い出せるのである。本願寺と門徒との間に、教義への帰依、カリスマ性への没入以上の何かがある、と思われる。これをなんとかして明らかにしたい、との思いがしだいに強くなっていった。

その「何か」に、現時点でできうる限り取り組んでみた結果が本書である。見たこともないような、一向一揆の本が出来上がったな、というのが正直な感想である。誰も描かなかったような一向衆、それに誰も描かなかったような織田信長…。本書に目を止めてくださった方々から、場合によっては厳しいご批判を頂戴することは覚悟しなくてはならないだろう。だからいまは、卒業論文以来、二〇年のささやかな歩みが、二番目の道しるべに到達できたことを素直に喜んでおこう。

最後になったが、本書の誕生に機会を与え、力を貸してくださった吉川弘文館の大岩由明氏、久我貴英氏に感謝したい。

一九九五年七月

神田千里

石山合戦年表

和暦	西暦	事項
永禄十一	一五六八	九月、織田信長、足利義昭を奉じて入京する。 十月、信長、摂津・和泉に矢銭を課す。本願寺は五〇〇〇貫を出すも、堺は拒否したと伝える。
十二	一五六九	正月、三好三人衆ら、義昭を本圀寺に囲む。信長、美濃より救援に上京する。 十一月、本願寺顕如、阿波門徒が三好三人衆を援助しているとの噂につき、明智光秀に弁明する。
元亀　元	一五七〇	四月、信長、朝倉義景討伐のために京都を出発。浅井長政、六角承禎の挙兵を知り、帰京する。 六月、六角承禎父子、山徒などの一揆を動員して近江野洲川表で、織田軍の柴田勝家・佐久間信盛らと戦い、敗れる。信長・徳川家康の連合軍、浅井・朝倉の連合軍を近江姉川で撃破する。 七月、三好三人衆、摂津中島に進出する。 八月、義昭・信長、三好三人衆の討伐のため京都を出陣する。ついで摂津野田・福島に進撃する。 九月、本願寺、諸国の門徒に一揆蜂起を指令し、ついで義昭・信長の軍勢に対し、開戦する。浅井長政・朝倉義景、南近江に出兵し、宇佐山城を攻める。さらに坂本に陣を取り、山科・醍醐などに放火する。義昭・信長帰京し、信長は坂本に出陣する。

元亀 元	一五七〇	十月、篠原長房、本願寺・三好三人衆を救援するため、阿波・讃岐の兵を率いて摂津中島に着陣する。土一揆、西岡に蜂起し、京都に侵入する。幕府、徳政を行なう。三好三人衆、山城に進出し、織田軍と交戦する。 十一月、信長、六角承禎父子と和睦し、さらに篠原長房とも和睦する。伊勢長島の一向一揆、織田信興を尾張小木江城に攻めて自殺させる。朝倉義景、信長の武将坂井政尚の守る近江堅田の砦を攻める。政尚討死する。信長、浅井長政と和睦する。 十二月、信長と朝倉義景、義昭の説得により、天皇の命によって和睦する。
二	一五七一	二月、浅井長政の武将磯野員昌、信長の勧誘により近江佐和山城を明け渡して降伏する。信長、丹羽長秀を佐和山城に入れる。 五月、浅井長政の武将浅井井規、堀秀村の近江鎌刃城を攻める。木下秀吉堀秀村を救援し、井規を破る。信長、伊勢長島に出陣し、一向一揆と戦う。氏家卜全、討死する。 八月、信長、近江に出陣し、浅井長政の小谷城を攻める。 九月、信長、近江新村・小川・金森の諸城を攻略し、ついで山門を焼討する。
三	一五七二	正月、信長、六角承禎父子と本願寺門徒の籠城する三宅・金森の城に内通しない旨、起請文を出すことを周辺の村々に布告する。 三月、南近江一帯の村々より、三宅・金森に内通しない旨の起請文が徴収される。 七月、信長、近江に出陣して浅井長政と交戦する。朝倉義景、救援のために近江へ出陣する。近江金森城落城し、三宅城もまた降伏する。 八月、義昭、武田信玄に命じ、信長と本願寺の間を調停させる。 九月、信長、義昭に異見一七カ条を上せて、その失政を諫める。信長、近江金森に楽市・楽座令を出す。

		十月、武田信玄、遠江攻略のため、甲斐府中を出立する。 十二月、朝倉義景、越前に帰国する。武田信玄、徳川家康を遠江三方原で撃破する。
天正　元	一五七三	二月、武田信玄、三河野田城を攻めて陥落させる。義昭、浅井長政・朝倉義景・武田信玄と結び、光浄院暹慶と本願寺門徒とを石山・今堅田で蜂起させる。信長、柴田勝家・明智光秀を派遣して一揆を平定させる。 三月、義昭、信長の質子を返し、義絶を表明する。 四月、信長、義昭に和睦を乞い、京都郊外に放火、ついで上京に放火する。義昭、屈して和睦する。武田信玄死去。 六月、義昭、挙兵のため兵粮米を毛利輝元に徴する。 七月、義昭、自ら山城槇島城に立て籠って挙兵する。信長、これを攻略し、義昭、人質を出して降伏し、三好義継の居城河内若江城に移る。 八月、信長、近江大嶽・丁野山を攻略し、撤退する朝倉軍を追撃して越前を制圧する。朝倉義景、自殺する。信長、浅井氏を近江小谷城に攻め、浅井長政自殺する。 九月、信長、伊勢長島の一向一揆を攻撃する。 十一月、義昭、信長の帰京の勧誘を拒否して、紀伊由良の興国寺へ移る。本願寺、信長との和睦の引出物として名茶器白天目を送り、信長もこれに答礼する。
二	一五七四	正月、越前守護代桂田（前波）長俊、富田長繁らに滅ぼされる。さらに越前一向一揆蜂起する。 四月、本願寺顕如、信長に対して挙兵する。三好康長・遊佐長教らこれに呼応する。越前一向一揆、朝倉景鏡を平泉寺に攻めて滅亡させ、越前を制圧する 六月、武田勝頼、徳川家康の武将小笠原長忠を遠江高天神城に攻め、降伏させる。

天正　二	一五七四	七月、信長、伊勢長島の一向一揆を攻略するために出陣する。信長、専修寺派諸寺が、越前出陣のときに忠節を致すことを誓ったことを賞する。 八月、信長、伊勢大鳥居・篠橋城を攻略する。武田勝頼、本願寺顕如の長島救援の要請を受諾する。 九月、伊勢長島の一向一揆、信長に和睦を乞い、退城する。織田軍、退去する一揆勢をだまし討ちにし、さらに中江・屋長島に籠城する男女を焼き殺す。
三	一五七五	六月、信長、越前大野郡の武士・日蓮宗徒・三門徒を味方に誘う。三門徒、信長への忠節を約束する。 八月、信長、北畠信雄・神戸信孝をはじめ諸将を率いて越前を攻略し、府中に入る。信長の先鋒隊、稲葉一鉄・丹羽長秀・羽柴秀吉ら加賀に侵攻する。 十月、本願寺、三好康長・松井友閑に頼り、信長に和睦を乞う。信長はこれを承諾する。
四	一五七六	二月、義昭、紀伊由良より備後鞆に移る。吉川元春に命じて、毛利輝元に幕府再興に尽力するよう依頼させる。 三月、義昭、上杉謙信に武田・北条と和睦し、幕府再興に尽くすよう命じる。 四月、本願寺、信長に対して挙兵する。信長、軍勢を遣わして大坂を攻撃する。 五月、信長の武将原田直政、大坂の西木津の砦を攻めて敗死。本願寺門徒勢はこれに乗じ天王寺の砦を攻撃する。信長自ら兵を率いて、天王寺の砦を救援し、大坂の城戸口まで門徒勢を追撃する。上杉謙信、本願寺・加賀一向一揆と和睦する。 七月、毛利水軍、信長の水軍を木津の河口で撃破し、大坂に兵粮を搬入する。
五	一五七七	二月、紀伊畠山貞政、雑賀衆・根来衆と謀って挙兵する。信長は雑賀三緘の衆と杉の坊

		を味方につけ、和泉に出陣する。 三月、雑賀の鈴木孫一ら、信長に起請文を提出して忠節を誓い、和睦を乞う。信長これを赦す。 六月、本願寺、武蔵・相模・越後の門徒に、大坂籠城の状況を報じ、兵粮などの馳走を命じる。 八月、紀伊雑賀党再び挙兵し、三緘の衆を襲撃する。 九月、上杉謙信、七尾城を攻め落とす。加賀手取川付近で上杉勢、織田勢を撃破する。 十月、羽柴秀吉、信長の命を受けて、中国平定のために京都を出発する。
六	一五七八	二月、毛利輝元、児玉就英を淡路岩屋城防衛のため派遣する。このころ、別所長治、羽柴秀吉に反逆し、毛利氏と通じて三木城に籠城する。 三月、上杉謙信死去。本願寺顕如、紀州門徒を岩屋城に派遣し、毛利勢と共に防衛させる。 四月、織田信忠、大坂本願寺を攻める。吉川元春・小早川隆景、加賀一向一揆に、上杉謙信と共に、信長と戦うことを勧誘する。 六月、信長の武将九鬼嘉隆、紀伊雑賀の水軍を、鉄船によって雑賀浦で撃破する。 七月、織田軍、播磨神吉城を攻略する。 八月、織田軍、播磨志方城を攻略する。 十月、本願寺、三河門徒に大坂への兵粮搬入を促す。荒木村重父子が信長に反逆したことに対し、本願寺顕如は荒木父子と盟約を結ぶ。 十一月、信長の武将九鬼嘉隆、毛利の水軍を摂津木津河口で破る。信長、荒木方の武将高山友祥をイエズス会宣教師に命じて、勧誘し、降伏させる。ついで荒木方の武将中

天正 六	一五七八	川清秀も、織田方に寝返る。
七	一五七九	三月、信長、織田信忠と共に摂津在岡城を攻めるために出陣する。 五月、本願寺家老下間頼廉、毛利氏家臣三上元安に、大坂への兵粮搬入を依頼する。荒木村重、毛利氏の武将桂元将を通じて、小早川隆景が淡路岩屋へ出兵することを依頼する。 九月、荒木村重、密かに在岡城を捨て、尼崎城に入る。信長、摂津在岡城に出陣する。 十月、信長の武将滝川一益、在岡城の外城を攻略する。 十一月、荒木久左衛門ら、人質を残して在岡城を出奔する。信長、在岡城の人質を京都で処刑し、妻子らを尼崎で殺害する。 十二月、大坂の出城森口が陥落する。信長と和睦すべき旨、朝廷より本願寺へ女房奉書が下される
八	一五八〇	正月、播磨三木城が陥落し、別所長治は自殺する。勅使勧修寺晴豊、本願寺との和睦につき安土へ下る。本願寺、諸国寺院に鉄炮で武装した番衆を、大坂に上せることを命令する。 三月、信長、本願寺へ和睦の条件を提示する。 閏三月、本願寺顕如・教如父子、信長との和睦を受諾する。信長、佐久間信盛・羽柴秀吉・柴田勝家らに本願寺との和睦を伝え、停戦を指示する。顕如の嫡子教如、信長との和睦を拒否して徹底抗戦を宣言し、諸国門徒に援助を求める。柴田勝家、このころ金沢御坊を陥落させ、加賀を制圧する。 四月、義昭、教如の徹底抗戦を支援するよう、小早川隆景に命ずる。顕如、大坂を退去し、紀伊鷺森へ至る。諸国門徒に大坂の教如に味方しないよう指令する。

		五月、教如、諸国門徒に重ねて大坂籠城を援助するよう依頼し、顕如の直参取立の方針に従わないよう指示する。教如、義昭の御内書に答礼し、毛利への支援命令に謝意を表する。 七月、大坂の属城花隈城陥落する。顕如、勅命により信長に太刀代を献じる。信長も答礼する。教如、信長に和睦を乞う。信長、これを承認する。 八月、教如、大坂を退去し、紀伊雑賀に移る。大坂焼失する。
九	一五八一	九月、越中の教如派一揆、上杉景勝の出馬を要請する。このころ教如、一揆と共に越中にあると噂される。
十	一五八二	三月、加賀山内の一揆、柴田勝家に攻められ、滅ぼされる。 六月、本能寺の変。 七月、本願寺顕如、加賀石川郡の門徒に本能寺の変後も、織田政権と親密であることを報ずる。
十一	一五八三	四月、羽柴秀吉、柴田勝家の軍勢を近江賤ヶ岳で撃破する。ついで柴田勝家を越前北庄城に包囲し、自殺させる。

※　この年表は、『大日本史料』第一〇編、および『史料綜覧』巻一一の記事に依拠して作成した。

参考文献

一向一揆、石山合戦については膨大な研究がある。その詳細は井上鋭夫『一向一揆の研究』に載せられた参考文献一覧、および峰岸純夫編『本願寺・一向一揆の研究』（吉川弘文館、一九八四年）の参考文献一覧を参照されたい。ここでは本書の叙述に直接関わるもののみをあげた。


朝尾直弘『天下一統』（小学館、一九八八年）。

網野善彦『無縁・公界・楽』（平凡社、一九七八年）。

市村其三郎「薩藩と真宗との関係に就いて」（『史学雑誌』四六―四、一九三五年）。

稲葉昌丸『蓮如上人行実』（法蔵館、一九二八年）。

〃　『蓮如上人遺文』（法蔵館、一九七二年）。

井上鋭夫『一向一揆の研究』（吉川弘文館、一九六八年）。

今谷　明『信長と天皇』（講談社現代新書、一九九二年）。

煎本増夫『島原の乱』（教育社歴史新書、一九八〇年）。

遠藤　一『戦国期真宗の歴史像』（永田文昌堂、一九九一年）。

大桑　斉『寺檀の思想』（教育社歴史新書、一九七九年）。

岡村喜史「近世前期本願寺における本末制の再編成」（福間光超先生還暦記念『真宗史論叢』〔永田文昌堂、一九九三年〕）。

奥野高広『足利義昭』（吉川弘文館人物叢書、一九六〇年）。

〃　『増訂織田信長文書の研究』（吉川弘文館、一九八八年）。

奥野高広「血は水よりも濃い」（『日本歴史』五二四、一九九二年）。

笠原一男『一向一揆の研究』（山川出版社、一九六二年）。

勝俣鎮夫『戦国法成立史論』（東京大学出版会、一九七九年）。

〃「戦国法の展開」（永原慶二他編『戦国時代』〈吉川弘文館、一九七七年〉）。

〃『一揆』（岩波新書、一九八二年）。

〃「戦国時代の村落」（『社会史研究』六〈日本エディタースクール出版部、一九八五年〉）。

神田千里「石山合戦における近江一向一揆の性格」（『歴史学研究』四四八、一九七七年）。

〃「近世における山城国革島氏の活動基盤」（『海南史学』二五、一九八七年）。

〃『一向一揆と真宗信仰』（吉川弘文館、一九九一年）。

〃「中世一向宗の実像」（第三二回白山史学会大会報告、一九九四年）。

〃「戦国期本願寺教団の構造」（『史学雑誌』一〇四―四、一九九五年）。

〃「加賀一向一揆の展開過程」（『東洋大学文学部紀要』第四八集、史学科編二〇、一九九五年）。

〃「原始一向宗の実像」（網野善彦・石井進編『中世の風景を読む・四、日本海交通の展開』〈新人物往来社、一九九五年〉）。

金龍　静「卅日番衆考」（『名古屋大学日本史論集』上〈吉川弘文館、一九七五年〉）。

〃「加賀一向一揆の形成過程」（峰岸純夫編『本願寺・一向一揆の研究』〈吉川弘文館、一九八四年〉）。

〃「天文の畿内一向一揆」（『古文書の語る日本史』五、戦国・織豊〈筑摩書房、一九八九年〉）。

草野顕之「戦国期本願寺直参考」（福間光超先生還暦記念『真宗史論叢』〈永田文昌堂、一九九三年〉）。

五味文彦『平家物語、史と説話』（平凡社、一九八七年）。

新行紀一「永正三年一向一揆の政治的性格」（『史潮』七七、一九六一年）。

大喜直彦「法名と法名状について―戦国期真宗を中心に―」（『仏教史学研究』三四―二、一九九一年）。

高瀬弘一郎『キリシタンの世紀―ザビエル渡日から「鎖国」まで―』（岩波書店、一九九三年）。

高埜利彦『近世日本の国家権力と宗教』（東京大学出版会、一九八九年）。
谷口克広「織田信長文書の年次について」（『日本歴史』五二九、一九九二年）。
谷下一夢『増補真宗史の諸研究』（同朋舎、一九七七年）。
塚本　学『生類をめぐる政治』（平凡社、一九八三年）。
辻　善之助『日本仏教史』中世篇之五（岩波書店、一九五一年）。
〃　『日本仏教史』近世篇之一（岩波書店、一九五二年）。
西口順子「絵系図にみる『家』の祭祀」（『月刊百科』二八八、一九八六年）。
藤木久志『織田・豊臣政権』（小学館、一九七五年）。
〃　『豊臣平和令と戦国社会』（東京大学出版会、一九八五年）。
〃　「中世庄屋の実像」（同『戦国の作法』〈平凡社、一九八七年〉）。
〃　同編『一向一揆と石山合戦』（週刊朝日百科日本の歴史二六、一九八六年）。
〃　「村の隠物・預物」（網野善彦他編『ことばの文化史』中世一〈平凡社、一九八八年〉）。
〃　「領主の危機管理」（『史学論集』二二〈駒沢大学、一九九二年〉）。
藤田恒春「元亀の起請文について」（『史林』六九―一、一九八六年）。
森　龍吉『蓮如』（講談社現代新書、一九七九年）。
山路興造「旅をする琵琶法師たち」（『中世遍歴民の世界』〈平凡社、大系日本歴史と芸能四、一九九〇年〉解説）。
吉井克信「大坂本願寺『石山』表現の創出について」（『大谷学報』七三―一、一九九三年）。

『信長と石山合戦』を語る

神田千里

「一向一揆」というと、通常は織田信長や徳川家康、あるいは加賀の大名富樫《とがし》政親のような、天下人や領国大名に被支配者の立場から抵抗した民衆の運動が想起されるに違いない。また歴史書などでよく目にする、「南無阿弥陀仏」と記した蓆旗《むしろばた》を掲げて決起する一揆の影像に象徴されるような、熱心な信仰に基づく民衆の抵抗運動が想起されるだろう。言い換えれば、一向一揆といえば、反体制的な宗教一揆（ないし宗教運動）という観念が定着しているのである。このイメージは学界でも受け容れられ、高校日本史の教科書にも「下剋上の時代」に本願寺蓮如《れんにょ》の民衆への教化によって始まった、そして「大名権力」と衝突し、織田信長の「最大の敵」となった民衆の宗教一揆として語られている。

そして戦国時代に生まれたこの反体制的な宗教一揆が、統一政権の登場によって弾圧を受け、解体され、滅びていったというイメージもまた一般的に定着しているようである。織田信長の「天下統一」事業をテーマとするテレビドラマなどでは、立ちはだかる敵をなぎ倒して進撃する信長の前に、蓆旗を掲げて敢然と立ち向いながら、敗退・消滅していく小さな脇役として一向一揆が登場するのがよく目にするシナリオである。このイメージもまた学界で受け容れられ、「百姓」すなわち平民が刀狩によって武装解除され、日本の支配層にのし上った武士たちが武力を独占する、兵農分離と呼ばれる体制の成立によって一向一揆は存立の基礎を失った、という見解が現在でも通説となっている。

本書は、こうした一向一揆像には全面的な見直しが必要であることを最初に提起したものである。それまで一向一揆に関する歴史書は、下剋上の時代に現れた惣村《そうそん》の自治を背景に講などを基礎として生まれた信仰組織が、加賀の大名富樫政親を倒し、越後上杉氏や幕府の有力者細川氏、そして徳川家康等とはなばなしい合戦をくりひろげ、その後、織田信長の「根切り」すなわち皆殺し作戦によって悲劇的な最後を迎える、というシェーマによるのが普通であった。それに対して、織田信長との石山合戦を扱った本書は、浅井氏や朝倉氏と結び、将軍足利義昭や織田信長に叛旗《はんき》を翻《ひるがえ》した本願寺の指令に基づいて蜂起し、後には信長と対立した足利義昭に味方する武田・上杉等を中心とする勢力の一翼を担い、最後に信長との講和により依然勢力を保ったまま終った一向一揆を描いたものである。

このような、従来の歴史書からみれば、いわば非常識にも見える一向一揆像を提起した理由はまず何といっても、一向一揆の基盤となった本願寺教団の実態にある。本願寺教団が、本能寺の変後に天下人となった豊臣秀吉と親密で密接な関係にあったことは疑う余地がない。現在の西本願寺のある場所を中核とする広大な寺地も豊臣秀吉によって与えられたものである。そればかりではない、本願寺教団の内部抗争から生まれた東本願寺もまた、江戸幕府に容認され、江戸時代に強大な東本願寺教団を構築する。その母体の一つとなったのは、百年にわたる自治で知られる加賀門徒の子孫たちなのである。豊臣秀吉以降に、本願寺教団が天下人に疎まれる存在などでなかったことは明白である。江戸時代末には、東西両本願寺教団を合わせると、最大の寺院数を誇る宗派となっている。

こうしてみると、通説の大前提となっている織田信長と一向一揆との不倶戴天《ふぐたいてん》ともいえる対立関係は、信長が伊勢国長島の一向一揆や、越前国の一向一揆に対して、凄惨《せいさん》な無差別殺戮《さつりく》を行ったという事実のみを根拠とした、多分に印象による判断であることに気づく。それでは石山合戦の最終局面において信長はなぜ、劣勢となった本願寺に対して、天皇を仲介者とする穏やかな「勅命講和」を提起したのか。なぜ本願寺に籠城《ろうじょう》した一向一揆を攻撃した際、本願寺寺内に避難している一般民衆の男女を「赦免」するように指示したのか。本願寺が信長との和睦を受け容れて大坂を退去した後、信長と極めて良好な関係であったことを伝える史料もある。信長との凄惨な対決により滅亡という悲劇的結末を迎えるという通説は、実は壮大な神話なのではないかと思い至った。これが『信長と石山合戦』を執筆してみようと思った最大の理由である。

一向一揆ほど、戦後歴史学の生み出した通説の強い影響下で考察されてきた対象はなかったように思われる。戦国時代は「下剋上」の時代であり、その基礎は民衆の動向であると考えられ、そこで注目されたのは惣村であった。惣村の自治は民衆の躍進と不可分の関係にあって発展していったが、やがて戦国大名の出現、天下人の「天下統一」によって、抑圧され、従順な村として、支配者への村請《むらうけ》を担当するに至るとされた。そして一向一揆はながらくこの惣村と密接な関係をもつ存在とされてきたのである。峰岸純夫氏や藤木久志氏らの研究により、一向一揆の基礎を惣村や講と見なすことには問題が多いことは広く知られるようになったが、現在でも一向一揆すなわち惣村との観念は根強いものがある。

また中世から近世への移行期は、天下人の登場、刀狩という民衆の武装解除によって、社会体制が大きく変容した時代であるとされた。いわゆる兵農分離である。そしてこれまで再三指摘してきた一向一揆の悲劇的結末というシナリオは、この兵農分離の成立を示す恰好の指標となってきたのである。民衆の「下剋上」の基礎となった惣村によって生まれ、領国大名たちと抗争し、「天下統一」をめざす織田信長によって殲滅《せんめつ》されるという一向一揆像は、中世と近世との断絶を強調してきた戦後歴史学の通説に、最も忠実なかたちで造型されたといってよいだろう。

ところが惣村と兵農分離ほど、一九八〇年代以降、戦後歴史学の通説の不備が克明に明らかにされ、大きくそのイメージが変貌した歴史事象もないと思われる。まずは兵農分離である。兵農分離像の中核となってきたのは刀狩であるが、その刀狩によって民衆が武装解除されたというのは事実とかけ離れた神話であることが、藤木久志氏によって明らかにされた（同『豊臣平和令と戦国社会』東京大学出版会、一九八五年。同『刀狩り』岩波書店、二〇〇五年）。江戸時代にも民衆は刀、脇指、鉄砲などの武器をもっていたことは今や学界の常識ともいえよう。さらに大部分の「武士」たちが城下に集住させられたという通説も、実態から離れていることが指摘され、江戸時代になっても村に居住していた「武士」は少ないとはいえないことも再認識されている。「天下統一」にともなう兵農分離という見解自体が再検討を要するものであることは多くの研究者に認識されている。

さらに惣村の中世から近世への移行期は、連続的につながっていることが勝俣鎮夫氏や藤木久志氏の研究によって明らかになった（勝俣鎮夫『戦国時代論』岩波書店、一九九六年。藤木久志『村と領主の戦国世界』東京大学出版会、一九九七年）。惣村の自治は中世・近世を通じてみられる現象であり、戦国大名や天下人の登場によって変質させられたり、抑圧されたりしたわけではなかったのである。江戸時代の村請は、戦国期にはすでに「地下請」と呼ばれて行われており、領主と村との契約関係によって成り立つ自治の重要な一要素であったことが明らかにされた。村をみる限り、中世・近世の間に明確な線を引くことなどできない、との指摘もまた、兵農分離という、戦後歴史学の通説における最も基本的な前提を大きく揺るがせている。

著者が『信長と石山合戦』を執筆しようと思い立ったのは、先ほど述べた本願寺教団の中世・近世の移行期、さらには近世における実態に基づく疑問に加えて、上記のような研究動向による部分も大きかった。本書において、それまでの一向一揆に関する歴史書からみて、いわば非常識ともみえる点の多くは、何も著者の個人的見解のみに基づいているのではなく、一九八〇年代の中世・近世移行期に関する研究動向をふまえているものであることは申し述べておきたい。そして一九八〇年代の研究動向は二十一世紀に至ってさらに発展を遂げ、有力な学説として広く受け容れられるに至っている。

惣村が中世に生まれ、近世に大きく発展し、戦国期に武装して戦っていた民衆が、近世にも武器を依然所持していたことが事実とすれば、通説の一向一揆像を支える基盤は大きく揺らいだともいえよう。従来の一向一揆像に根本的な見直しが必要なことはご納得いただけると思う。近年の研究動向による限り、悲劇的な結末という一向一揆像は、同時代の他の史実には適合しない、孤立した観念とならざるを得ないように思われる。このような悲劇的な一向一揆像が実は、戦国時代に起った事実によってではなく、近世に生まれた伝承によって形成されたことについては拙著『一向一揆と石山合戦』（戦争の日本史14、吉川弘文館、二〇〇七年）を参照されたい。

本書を今の段階で再読してみると、その後の筆者の研究にとって重要な一里塚になったことが改めて実感される。この度「歴史文化セレクション」の一冊として収録されたことは大変光栄である。現在の研究段階からは不十分な点が少なからず目につくものの、収録にあたっては誤植、誤記、事実誤認などに関する最低限の訂正に留めたことをお断りしておきたい。

〈二〇〇八年三月〉

＊本書は、一九九五年（平成七）に、吉川弘文館より初版第一刷を刊行したものの復刊である。

著者略歴
一九四九年　東京都に生まれる
一九八三年　東京大学大学院博士課程単位取得
退学
高知大学教授などを経て
現在　東洋大学教授

〔主要著書〕
一向一揆と戦国社会　戦国乱世を生きる力　土一揆の時代　島原の乱　一向一揆と石山合戦
蓮如（編著）

歴史文化セレクション

信長と石山合戦
中世の信仰と一揆

二〇〇八年（平成二十）五月二十日　第一刷発行

著　者　神《かん》田《だ》千《ち》里《さと》
発行者　前田求恭
発行所　株式会社 吉川弘文館
郵便番号一一三―〇〇三三
東京都文京区本郷七丁目二番八号
電話〇三―三八一三―九一五一〈代表〉
振替口座〇〇一〇〇―五―二四四番
http://www.yoshikawa-k.co.jp/
印刷＝株式会社 理想社
製本＝誠製本株式会社
装幀＝清水良洋

ISBN978-4-642-06347-0

歴史文化セレクション

発刊にあたって

悠久《ゆうきゅう》に流れる人類の歴史。その数ある文化遺産のなかで、書物はいつの世においても人びとの生活に潤《うるお》いと希望、そして知と勇気をあたえてきました。この輝かしい文化としての書物は、いろいろな情報手段が混在する現代社会はもとより、さらなる未来の世界においても、特にわれわれが守り育て受け継がなければならない、大切な人類の遺産ではないでしょうか。

文化遺産としての書物。この高邁《こうまい》な理念を目標に、小社は一八五七年（安政四）の創業以来、専《もっぱ》ら日本史を中心とする歴史書の刊行に微力をつくしてまいりました。もちろん、書物はどの分野においても多種多様であり、またそれぞれの使命があります。いつでも購入できるのが望ましいことは他言を要しませんが、おびただしい書籍が濫溢《らんいつ》する現在、その全てを在庫することは容易ではなく、まことに不本意な状況が続いておりました。

このような現況を打破すべく、ここに小社は、書物は文化、良書を読者への信念のもとに、新たに『歴史文化セレクション』を発刊することにいたしました。このシリーズは主として戦後における小社の刊行書のなかから名著を精選のうえ、順次復刊いたします。そこには、偽《いつわ》りのない真実の歴史、魅力ある文化の伝統など、多彩な内容が披瀝《ひれき》されています。いま甦《よみがえ》る知の宝庫。本シリーズの一冊一冊が、現在および未来における読者の心の糧《かて》となり、永遠の古典《クラシック》となることを願ってやみません。

二〇〇六年五月

吉川弘文館

◇歴史文化セレクション　第Ⅱ期（13冊）完結

古事記の世界観
神野志隆光著　一七八五円（解説＝神野志隆光）

飛　鳥 その光と影
直木孝次郎著　二五二〇円（解説＝岩本次郎）

田村麻呂と阿弖流為《あてるい》 古代国家と東北
新野直吉著　一八九〇円（解説＝新野直吉）

信長と石山合戦 中世の信仰と一揆
神田千里著　二一〇〇円（解説＝神田千里）

江戸の禁書
今田洋三著　一七八五円（解説＝藤實久美子）

江戸歳時記 都市民俗誌の試み
宮田　登著　一七八五円（解説＝松崎憲三）

江戸の高利貸 旗本・御家人と札差
北原　進著　一七八五円（解説＝北原　進）

戊辰戦争論
石井　孝著　三〇四五円（解説＝家近良樹）

天皇・天皇制・百姓・沖縄 社会構成史研究よりみた社会史研究批判
安良城盛昭著　三九九〇円（解説＝塚田　孝）

柳田国男の民俗学
福田アジオ著　二三一〇円（解説＝福田アジオ）

日本食生活史
渡辺　実著　二八三五円（解説＝江原絢子）

仏像の再発見 鑑定への道
西村公朝著　三九九〇円（解説＝真鍋俊照）

インドの神々
斎藤昭俊著　二五二〇円（解説＝橋本泰元）

（価格は5％税込）

吉川弘文館